KB131514

경이감을 느끼는
아이로 키우기

EDUCAR EN EL ASOMBRO
by CATHERINE L'ECUYER

Copyright © Catherine L'Ecuyer, 2012
Introduction Copyright © Santiago Álvarez de Mon, 2012
Korean Translation Copyright © The Open Books Co., 2016, 2022
All rights reserved.

First edition published in Spanish by Plataforma Editorial.
Korean edition published by arrangement with Plataforma Editorial, Barcelona through
Pubhub Literary Agency, Seoul.

일러두기
• 원주는 미주로, 옮긴이 주는 각주로 처리했다.
• 앙투안 드 생텍쥐페리의 『어린 왕자』에서 인용한 문장은 문학 비평가 황현산이 옮긴
  열린책들 판본을 따랐다.

사람의집은 열린책들의 브랜드입니다.
시대의 가치는 변해도 사람의 가치는 변하지 않습니다.
사람의집은 우리가 집중해야 할 사람의 가치를 담습니다.

경이감을 느끼는 아이로 키우기

카트린 레퀴예 지음 김유경 옮김

♟ 사람의집

아주 어린 아이에게는
복잡한 동화가 아니라 단순한 이야기만으로도 충분하다.
삶은 그 자체만으로도 매우 흥미롭기 때문이다.
일곱 살 아이는 동화 속 페리코가 문을 열고 들어가
용을 발견할 때 감동하지만,
세 살배기 아이는 페리코가 문을 열기만 해도
감탄하고 난리가 난다.
— 길버트 키스 체스터턴

아이들은 끊임없이
관찰하고 이야기한다

어린이가 우리의 미래인 것은 그들이 언젠가 어른이 되어서가 아니라, 인류가 갈수록 아이처럼 되고 있기 때문이다. 그런 의미에서 유아기는 곧 우리의 미래를 보여 주는 그림이라 할 수 있다. 저자가 인용한 밀란 쿤데라의 이 말은 오늘날 적중했다. 앞으로 수십 년 후에 어른인 우리가 아이처럼 되어 있을지, 아니면 아예 아이들의 유년기를 빼앗아 버렸을지, 그도 아니면 그냥 아이들을 진지한 고민 없이 쉽게 흥분하고 소비주의적인 청소년기로 밀어 넣어 버렸을지는 나도 잘 모르겠다. 하지만 지금 우리 시대에 나타나는 유년기의 특징들이 뭔가 적절하지 않고 이상해 보인다는 것만은 확실하다. 오늘날 아이들은 얼이 빠져 있고 과잉 행동을 하며 혼란스러워한다. 그리고 어른인 우리는 아이들이 가진 신비한 힘과 상상력을 알면서도 우리의 이성과 우선순위에 따라 아이들을 조종하고 싶다는 유혹에 매번 넘어가고 만다. 저자도 말했듯이, 스위스의 정신의학자이자 심리학자인 카를 융은 예전에 이미 〈우리는 모두 진품으로 태어나서 복제품으로 죽는다〉라고 경고한 바 있다. 표준화와 통속화는 덜 문명화된 사회가 빠지게 되는 사악한 유혹이다. 그런 환원주의에 따라서, 개인의 고유성은 집단의 예측 가능성으로 변해 가고, 그와 늘 짝을 이루어 다니는 개념인 개인의 자유와 책임은 집단주의 안에서 그 정체성이 희석되고 있다.

교육의 본질이야말로 『경이감을 느끼는 아이로 키우기』의 중심 논거이다. 교육에 대한 감각이 뛰어나고 적절한 시기를 포착할 줄 아는 저자 카트린 레퀴예는 민감하고 중요한 사안에 정직하고 용기 있게 접근한다. 교육에 관심을 가지고 있고, 저자의 말을 귀담아들으려는 독자라면 누구라도 외면하기 힘든 내용이다. 이 책을 처음 구상할 때부터, 카트린 레퀴예는 갈수록 나빠지는 교육 문제를 걱정했고, 경이감이야말로 심오하면서도 재미있고 일관성 있게 배움을 시작하는 출발점이 되어야 한다고 강조했다. 또한 저명한 교육자와 사상가들의 도움으로 교육의 본질은 인간의 내부에서 외부로 향하는 여행이자 놀라운 모험이고, 그 안에서 교사들의 역할은 단지 조력자임을 재확인했다. 따라서 교사들은 자신의 지식과 이론을 아이들에게 주입하는 대신, 아이들 안에 들어 있는 배움의 원동력을 강력하게 자극해야만 한다. 아이들은 누가 가르쳐 주지 않아도 본능적으로 뭔가를 끊임없이 관찰하고 질문하며 이야기를 듣고 확인한다. 또한 직접 해보고 결정하며, 행동하다가 실수도 하고, 또 그렇게 배우고 반복하고 고치며, 다시 시도해 본다. 그래서 우리는 아이들의 이런 모습을 보면서 이 여행에 대한 확신을 갖고 자연스레 첫걸음을 내딛게 되었다. 현실을 왜곡하는 정신적, 사상적 차단 없이 순수하고 정직하게 아이들을 관찰해 보니, 경이감은 아이에게는 없어서는 안 될 아버지이자 늘 신중하게 함께 해주는 어머니와 같았다. 〈신비감은 우리가 경험할 수 있는 것 중 가장 아름다운 것이다. 그것은 모든 진정한 예술과 과학의 원천이다〉라는 아인슈타인의 말은 아이의 생활과 발달, 학습에서 신비감이 얼마나 중요한지를 보여 준다. 또한 이 말은 저자의 뜻과도 일치한다. 여기에서 무엇보다도 우리는 매우 뛰어나고 훌륭한 과학자가 예술에 관해서 이야기하고 있다는 사실에 주목해야 한다. 또한 아인슈타인의 이 말은 〈직관적 사고는 거룩한 신의 선물이고, 이성적 사고는 충실한 종이다. 하지만 우리는 종은 떠받들면서 정작 선물은 잊고 사는 사회를 만들어 버렸다〉라는 그의 또 다른 말을 이해하는 데 도움이 된다. 나는 우리의 뒤바뀐 반응으로 사회가 달라졌다는 것이, 게다가 더 안 좋은 결과를 낳았다는 사실이 너무 우려스럽다.

그렇다면 과연 직관이란 무엇인가? 그것은 어디에 있는 것이며, 어떻게 생기는 걸까? 직관 전에는 무엇이 있는 걸까? 사고나 학습, 연구, 일, 반복, 인내, 훈련, 의지, 분석이 선행되는 걸까? 그리고 우리는 왜, 그리고 언제 이런 직관력을 발휘하게 되는 걸까? 언제 우리의 생각이 말로는 표현 못할 이 뛰어난 직관에 수긍하게 되는 걸까? 저자는 여러 날카로운 질문들을 틀에 맞춰 공식화해 버리는 사회에 알레르기 반응을 보이며, 그럴듯한 대답만 하는 오늘날의 교육 현실을 고발한다. 질보다는 양을 따지는 정보, 쉬이 사라지고 마는 사람들의 공허한 관계, 아주 개인적인 문제들까지도 쥐고 흔드는 인터넷의 횡포, 사람들이 직접 대면할 수 있는 시간의 부족, 지적·감정적·도덕적 영역의 가치 상실, 침묵의 부재 등은 저자가 오늘날 우리 사회를 비난하게 되는 몇 가지 원인들이다.

지금 이 순간도 그녀는 용기를 내어 어른들의 방해를 받는 유년기에서 아이들을 구해 내고 그들이 즐겁게 놀 수 있는 곳에서 함께 양질의 시간을 보내려고 노력하고 있다. 어떤 아이들의 일과표를 보면 마치 스트레스를 받아 일에 집중하지 못하고, 방향을 잃은 채 고통 속에서 허우적거리는 기업가의 스케줄표와 같다. 그리고 디지털의 소용돌이 속에서 아이들의 호기심과 흥미는 겁을 먹고 한 발짝 뒤로 물러서 있는 것처럼 보인다. 이런 이유로 저자는 경이감이야말로 인간을 온전하고 자유로우며 독립적으로 변화시키는 과정에서 중요한 역할을 한다고 주장한다. 피상적이고 구태의연함을 넘어선, 불편하지만 시의적절한 책이 나의 책장에 놓인 것에 감사한다.

산티아고 알바레스 데 몬,
이에세 경영 대학원 교수

차례

머리말
경이감을 잃어버린 아이들

「제발, 제게 동기 좀 부여해 주세요!」 엘리사는 필사적으로 선생님께 매달렸다.

「엄마, 정말 지루해. 하고 싶은 게 하나도 없어.」 최근에 고등학생이 된 엘리사는 거실 소파에 파묻혀 멍한 눈으로 텔레비전 채널을 바꿔 가면서 불평을 쏟아 놓고 있다.

어떻게 하면 자녀와 학생에게 동기를 부여할 수 있을까? 이 질문에 답하기 위해 부모와 교사들은 갈수록 많은 시간을 들이고 있다. 이미 가정에만 해도 컴퓨터, 아이패드, 스마트폰, 텔레비전, 게임기 등 즐거움을 안겨 줄 첨단 기기들이 가득하다. 고등학교와 대학교에서도 파워포인트와 디지털 화면, 아이패드 등 학생들을 즐겁게 해주려고 갖가지 도구를 동원하고 있다. 머지않아 교사들의 채용 조건으로 수업에 〈활력〉을 불어넣어 줄 춤이나 노래 솜씨가 필수로 들어가게 될지도 모르겠다.

닐 포스트먼은 그의 책 『죽도록 즐기기』에서 다음과 같이 말한다. 〈초등학교에서 대학교까지 교사들이 수업 시간에 제공하는 시각적 자극은 늘어나는 반면, 학생들이 받아야 하는 설명의 양은 줄어들고 있다. 즉, 교재를 비롯한 문서화된 자료들을 덜 신뢰하게 된 셈이다. 그러다 결국 학생들의 흥미를 돋울 수 있는 가장 좋은 방법이 오락물이라는 결론을 내리게 되었다.〉 오늘날은 쇼의 시대다. 그래서인지 교육자와 부모들조차 교육보다 오락물 쪽으로 눈을 돌리고 있는 듯하다.

도대체 왜 이러는 걸까? 바로 떠오르는 답변 중 하나는 자녀들의 주의 집중 시간이 갈수록 짧아지고 있다는 사실이다. 갈수록 늘어나는 주의력 결핍 과잉 행동 장애ADHD가 이 문제의 원인으로 밝혀지고 있다. ADHD는 오늘날 심리 장애 상담을 받는 주요 원인으로 손꼽히는 증상 가운데 하나다. ADHD의 원인과 해결책에 대해서는 1970년대부터 지금까지 끊임없이 논란이 일고 있다. 미국에서는 ADHD의 사례가 지난 20년 동안 10배나 증가했는데, 미국 보건 복지부에 따르면 이 장애는 유전적인 요인보다는 비유전적인 요인이 더 크다.[1] 하지만 과학이 지금까지 ADHD에 대한 적절한 설명을 내놓지 못하고 있기 때문에, 여전히 이에 대한 논쟁은 계속되고 있다.

한편 할머니와 할아버지들은 오늘날의 서너 살 이상 먹은 아이들이 〈예전 세대 아이들과 다르다〉는 걸 인정하고 있다. 예전 아이들이 어땠는지는 잘 모르겠지만, 내 세대의 아이들만 해도 오늘날의 아이들처럼 이렇게 초조해하지 않았다. 우리는 먹으라는 허락이 떨어지기 전까지 초콜릿 접시 앞에서 기다릴 줄 알았고, 상점과 대기실에서 조용히 있을 줄도 알았으며, 적어도 부모님이 심각한 표정을 지으면 곧장 그 말씀을 따랐다. 또한 조용한 가운데서도 자유롭게 놀이를 즐길 수 있었고, 아주 단순하고 작은 것들을 가지고도 재미있게 놀았다. 물론 지금처럼 온종일 새로운 것을 찾아 헤매지도 않았다. 그리고 교실에 있는 어떤 아이도 ADHD를 겪지 않았던 것 같다.

「나갈 거야!」 알렉스는 소아과 대기실에서 잡지를 바닥에 집어 던지고 의자 위를 이리저리 뛰어다니며 소리쳤다. 그러자 엄마는 잽싸게 접수대로 달려가 대기실 벽에 걸려 있는 텔레비전의 채널을 바꿔 달라고 다급하게 말했다. 이미 다섯 살이 된 알렉스에게 「꿀벌 마야의 모험」은 더 이상 흥밋거리가 되지 못했다. 화면은 금세 〈정말 움직임이 많은〉 만화로 바뀌었고, 우울한 얼굴을 한 일본인의 머리를 내리치는 장면이 나타났다. 그러나 엄마는 〈그냥 만화일 뿐이야……〉라고 대수롭지 않게 여겼다.

엘리사가 절망적으로 외친 〈제발, 제게 동기 좀 부여해 주세요!〉와 같은 말과 성이 잔뜩 나서 〈나갈 거야!〉라고 소리치던 알렉스의 말은 원하지 않는 것에 대한 강요 앞에서 불가항력적으로 터져 나오는 저항의 외침이다. 오늘날 모든 부모와 교육자의 귀에는 이러한 외침이 수없이 울려 퍼지고 있다. 인간의 본성은 너무 강해서 절대로 포기될 수 없기 때문이다. 우리는 아이들의 본성에 거슬러 무엇을 강요해 왔는가? 이 질문에 대답하기 위해서는 먼저 다음과 같은 질문들을 던져야 한다. 과연 아이의 본성이란 무엇인가? 아이는 어떻게 배우는가? 아이의 원동력은 무엇인가? 동기는 어떻게 부여되는가? 아이는 무엇을 필요로 하는가?

생텍쥐페리는 『어린 왕자』에서 〈어른들도 처음엔 다 어린이였다. 그러나 그걸 기억하는 어른들은 별로 없다〉라고 말한다. 그럼 그 이전의 순간들로 한번 되돌아가 보자. 〈제발, 부탁드려요〉라고 선생님께 간절하게 매달리다 절망한 엘리사의 삶을 생각해 보자. 또한 침묵이나 단순한 만화에 나오는 마야와 윌리, 필립의 속도를 지루해하는 알렉스의 삶으로 들어가 보자. 엘리사는 열여섯 살이고 이 꼬마 아이는 다섯 살이다. 이전에는 그들도 태어난 지 6개월밖에 안 된 아기였고 한 살, 두 살배기 어린아이였다. 과연 엘리사가 말을 배우거나 서서 식탁보를 잡아당기며 놀고 첫걸음을 뗄 때도 엄마에게 〈제발〉이라고 말하며 동기를 부여해 달라고 간청했을까? 알렉스에게는 엄마가 들려주는 단순한 이야기와 잔디 위를 스치는 바람 소리, 자기 그림자를 발견하는 것이 더 필요했던 것은 아닐까?

이미 알고 있다시피 어린아이들이 뭔가를 하도록 우리가 동기를 부여해 줄 필요는 없다. 두 돌이 지나지 않은 유아들이 무엇을 가지고 노는지 생각해 보자. 그들은 선물 상자에 담긴 물건보다 상자에 달아 놓은 리본이나 화려한 포장지에 더 관심을 보이며 그것만 가지고도 재미있게 논다. 장난감은 안중에도 없을 때가 많다. 또한, 아침에 늦지 않으려고 서둘러 아이들을 학교에 데려다줄 때, 아이들은 별로 중요하지 않은 것들에 정신을 빼앗기다가도 똑바로 교실을 찾아 들어간다.

「엄마, 잠깐만요! 이것 좀 봐요!」
하지만 우리는 아이들에게 〈서둘러, 시간이 없어!〉라고 채근하기만 한다.

자세히 살펴보면 아이들에겐 경이감이라는 멋진 것이 있어서 일상을 이루는 작고 소소한 것들 앞에서 놀란다는 것을 확인하게 될 것이다. 선물 포장지가 만들어 내는 소리, 목욕을 할 때 손에 붙은 비누 거품, 손등을 간질이는 개미의 다리, 그리고 거리에서 볼 수 있는 반짝이는 물체 등이 모두 그 대상이 된다. 이러한 경이감은 아이들이 세상을 발견하게 해준다. 이것은 아이의 내적 동기이자 〈자연스러운〉 초기 자극이다. 이런 작은 것들이 아이를 움직여 배우게 하고 호기심을 만족시켜 준다. 또한 아이들은 일상의 경험들을 통해 주변을 둘러싼 사물들의 자연스러운 메커니즘을 스스로 이해하게 된다. 따라서 우리는 그저 아이가 주변의 것들을 발견하기에 좋은 환경만 제공해 주면 된다.

하지만 우리는 아이 스스로 경이감을 갖도록 놔두기보다는 외부 자극을 주면서 이 아이가 지닌 내적 동기 유발 능력을 없애 버린다. 외부 자극을 주면서 아이의 자발성을 죽여 버리는 것이다. 그렇게 하면, 아이는 결국 그 무엇에도 경이감을 느끼지 못하고 꿈도 꾸지 않게 된다. 그러면서 아이는 욕구를 가둔 채 살아가게 된다. 과도한 자극에 중독된 아이들은 갈수록 더 강한 자극을 찾고, 거기에 다시 익숙해지면 어떤 상황을 맞닥뜨려도 냉담한 반응을 보인다. 그만큼 욕구도 줄어들며 모든 일을 지루해한다.

어떻게 하면 청소년이 될 아이가 꿈을 꾸고 사물들을 조용히 관찰하며, 행동하기 전에 생각하고 주변의 것들을 알아가는 데 흥미를 느끼며 배우도록 동기를 부여할 수 있을까?

그 해결책은 토마스 아퀴나스가 7세기 전에 〈경이감은 알고 싶어 하는 욕구다〉라고 한 말에 함축되어 있다. 〈유레카!〉 그렇다. 우리는 하던 일을 멈추고 경이로움을 보호해야 한다. 경이감이 알고 싶어 하는 욕구라면, 6개월 된 엘리사가 아무도 〈동기 부여〉를 해주거나 외부 힘으로 자극하지 않아도 〈경이감〉 때문에 겨우 손에 닿는 장난감을 쥐려고 필사적으로 애쓰면서 점점 더 내면의 힘을 갖게 된다는 사실이 이해가 간다. 또한 두 살짜리 엘리사에게 새로운 단어를 말하고 싶은 내적 동기가 있다는 것도 이해가 간다. 또한 알렉스가 길에서 시끄러운 소리가 들려도 방향을 잃지 않고 올바르게 걸으며, 유리창을 타고 오르는 달팽이를 보면서 감탄하고 집중하며, 태양을 등지고 걸을 때 땅에 비친 자기 그림자가 몸의 움직임과 관계되어 있다는 것을 알게 되는 것이 이해가 간다. 그들에게는 이 모든 현상이 대단하고 놀랍기 때문이다. 이와 관련해서 우리는 언어 학습이나 인지 환경의 메커니즘과 관련된 내막을 연구하는 신경 과학 전문가와 유아 언어학, 진화 심리학에 모든 것을 일임하고 있기에, 이 책에서는 그 구조에 대해 다루지 않을 것이다. 여기에서는 그 구조나 과정이 아니라 그 원인에 초점을 맞추고 있기 때문이다. 즉, 우리는 엘리사가 자발적으로 학습하게 하는 데 관심이 있고, 어떤 조건에 반응하는지를 이해해 보려고 한다.

경이감은 사람들의 흥미를 자극한다. 최근 펜실베이니아 대학에서 수행한 연구에 따르면,[2] 인터넷에서 이야기를 빨리 퍼지게 하는 요인은 바로 독자들이 느끼는 경이감이다. 이 연구에서 연구원들은 6개월 이상 『뉴욕 타임스』에 실린 다양한 기사에 대해서 커뮤니케이션과 관련된 변수들을 분석했다. 연구는 사람들이 짧은 기사나 피상적이고 가벼운 내용, 혹은 질병과 관련된 기사를 찾아볼 것이라는 일반적인 예상과 달리, 내용이 길고 긍정적이며 독자에게 경이감을 불러일으키는 기사를 더 많이 본다는 결과를 보여 주었다. 이 연구는 경이감을 〈인간의 중요한 감정으로, 무언가를 뛰어넘어 감탄을 자아내는 고양된 느낌, 마음을 열어 주고 넓혀 주며 순간적으로 멈칫하게 하는 경험〉이라고 정의했다. 원래 이 연구는 〈온라인〉 마케팅 분야와 소설 작가들을 위한 것이었다. 하지만 의도야 어떻든 이 결과는 교육에 종사하는 사람들에게 〈경이감이 흥미를 자극한다〉는 매우 중대한 관점을 제시한다. 만일 경이감이 그저 단순한 느낌이 아니라면, 또 토마스 아퀴나스가 말한 것처럼 알고 싶어 하는 욕구라면, 그리고 경이감이 인간의 타고난 그 무엇보다 먼저 인간 내면에 존재하고 있는 어떤 것이라면, 이 결과는 온라인 마케팅 효과를 넘어선 더 많은 의미를 내포하고 있다. 우리는 무엇이 경이감을 일으키는지 모르기 때문에, 그저 그것이 맹목적으로 움직인다고 생각할 수도 있다. 하지만 이 결과들을 통해 우리는 그 안에 아름답고 좋은, 그리고 이성의 지평을 넓혀 줄 것들이 들어 있음을 깨닫게 된다.

신경 조직(또는 일상적인 말을 하기 위한 뇌의 물리적 구조)이 아동 발달에 핵심적인 역할을 한다는 사실은 이미 충분히 검증되었다. 하지만 그렇다고 해서 신경 조직이 아이의 〈원동력〉이라고 할 수 있을까? 인간을 단순히 물질주의적 측면에서만 접근하는 사람들은 기계론적인 교육을 주장한다. 그들은 어린이를 하나의 원자재로 보면서 우리가 원하는 대로 가공할 수 있다고 여긴다. 기계론적인 교육의 관점에 따르면, 아이의 본성이란 존재하지 않고 모든 것을 〈프로그램화〉할 수 있다. 기계론적 사고를 하는 교육자들은 인지뿐만 아니라 행동의 관점에서 아이의 〈유전적 특징 조작〉을 위한 신경 회로를 그리기 위해 아이들에게 외부 자극을 (밖에서 안으로) 쏟아붓는다. 아이의 학습이 철저히 환경의 지배를 받는다고 믿기 때문이다.

하지만 신경 과학과 교육학이 발전할수록, 아이를 앞으로 나아가게 하는 원동력은 신경 조직 범위 너머에 있다는 데 의견이 모아지고 있다. 점점 더 많은 사람이 아이를 움직이게 하는 것은 손으로 만질 수 없는 무형의 무언가라고 생각하고 있다. 하지만 이미 오래전에 그리스인들은 경이감이 철학의 시작이며, 경이감은 눈에 보이지 않게 인간에게 처음 나타나는 것으로 인간을 움직이게 하는 배움에 대한 욕구라고 했다. 오랜 시간이 지난 후, 모든 시대를 통틀어 가장 유명한 교육학자 중 한 명인 마리아 몬테소리 역시 경이감이 어린이의 배움에서 매우 중요한 역할을 한다고 강조했다. 최근 몇 년 동안 신경 과학은 몬테소리의 이론을 확고히 뒷받침해 주며 기계론적인 교육 패러다임에 많은 문제를 제기해 왔다.

엘리사나 알렉스에게도 원래 경이감이 있었을 것이다. 그렇다면 그들에게 도대체 무슨 일이 일어났던 걸까? 그들은 어떻게 해서 경이감을 잃어버리게 되었을까? 경이감을 잃으면 무슨 일이 벌어질까? 경이감을 회복하기 위해 우리가 엘리사와 알렉스에게 해줄 수 있는 것은 무엇인가? 이런 질문들에 대한 대답이 바로 경이감을 느끼는 아이로 키우는 교육에 대한 설명이 된다. 그래서 이 책은 이러한 질문들에 답하고자 한다.

우리와 직접 상관이 없는 주제에 대한
생각을 펼치기 위해서는
반대 의견을 가진 작가들의 책도 읽을 수 있지만,
우리 자녀들에 대해 이야기할 때만은
우리 의견과 좀 더 근접한 작가들의
생각들을 참고하고 싶어 한다.
좀 더 인정받는 부모가 되기 위해서.
── 브루노 베텔하임, 아동 심리학자

1부

경이감이란 무엇인가?

1

엄마, 왜 비는 위에서 아래로 내려요?

우리는 앞서 아이에게 동기를 유발하는 원동력이 경이감이라고 말했다. 그런데 아이들은 현실에서 벌어지는 일들에 왜 그렇게 놀라워하는 걸까? 아이들을 둘러싼 것들의 무엇이 그들을 놀라게 하는 걸까? 우리는 실례를 통해서 경이감의 메커니즘을 자세히 살펴볼 것이다.

영화 「이상한 나라의 앨리스」에서 앨리스는 불가능한 일 — 용을 이기기 — 을 할 수 있다는 용기를 얻기 바로 전에 미친 모자 장수에게 〈난 항상 아침을 먹기 전에 여섯 가지 불가능한 일을 계속 생각해〉라고 말한다. 이 이상한 나라는 불가능한 것들로 가득한 나라다. 고양이가 말을 하고, 케이크가 커지고, 토끼가 시간 걱정을 하는 등 불가능한 일들이 끝없이 벌어진다. 바로 어린이의 눈으로 바라보는 나라인 것이다.

불가능한 것들을 생각하는 아이들의 능력은 정말로 놀랍다. 「엄마, 왜 비는 위에서 아래로 내려요?」, 「왜 꿀벌은 캐러멜 소스랑 메이플시럽은 만들지 않죠?」, 「왜 개미들은 게으름을 피우지 않아요?」

우리는 이런 질문을 받을 때마다 마음이 불편해진다. 이유는 다양하다. 무엇보다 우리는 늘 반복되는 이런 질문에 시간을 낭비하고 싶어 하지 않는다. 쓸데없는 질문처럼 보이기 때문이다. 캐러멜 소스와 메이플시럽이 어디서 나고, 누가 만들고, 어떻게 만들어지는지가 도대체 무슨 상관이란 말인가? 정말 중요한 것, 예를 들어 중국어 공부나 천문학에 관심을 갖지 않고 이런 쓸데없는 질문에 시간을 낭비하고 있는 자녀들을 보면서 부모들은 한숨을 내쉬며 걱정을 늘어놓는다. 정답이 없거나 대답하기 곤란한 것들만 설명해 달라고 조르고, 제대로 돌아가고 있는 자연의 질서를 바꾸고 싶어 안달이 났다고 생각하는 것이다. 심지어 어떤 부모는 이런 질문을 하는 자녀들을 걱정하기도 한다. 내 아이에게 문제가 있는 건 아닐까? 어떻게 이런 생각을 할 수 있지? 도대체 누가 이런 생각을 심어 준 거야? 노는 시간이 너무 많아서 이러나?

두서너 살 된 아이들은 터무니없어 보이는 질문을 끊임없이 해댄다. 그렇다고 딱히 대답을 요구하는 것도 아니다. 안정적인 모든 사물의 질서를 바꾸고 싶어 그러는 것은 더더욱 아니다. 이것은 단지 현실 앞에서 감탄하는 그들만의 방법이다. 단순히 〈하지만…… 그게 아닐 수도 있지 않을까〉라고 생각하는 것이다. 플라톤은 경이감이야말로 철학의 출발점이라고 했다.

아이의 머릿속에서 이런 불가능한 생각들이 솟아오르는 바로 이때, 플라톤의 말처럼 아이들은 철학적으로 생각하는 중이다! 어린이들은 철학적으로 생각하고, 어떤 사실 앞에서든 〈있을 수도〉 있다는 단순한 가능성에 감탄하며, 사물이 〈있는〉 방식이나 세상의 자연법칙과 하나하나 마주할 때마다 놀란다. 세상에 태어난 아이는 가장 먼저 엄마를 보고, 그리고 아빠를 보며 그다음에 형제들을 발견한다. 그러고 나서 서서히 다른 아이들과 할아버지, 할머니, 길거리에 걸어 다니는 아저씨, 아줌마, 꽃, 곤충, 돌멩이, 달, 그림자, 중력, 빛, 꿈 등을 발견하게 된다. 체스터턴의 말처럼 〈아이의 귀여운 머릿속에서는 천지 만물이 창조의 7일처럼 새롭게 열린다〉.

경이감은 알고 싶어 하는 욕구다. 새로운 눈으로 사물을 보면 존재 앞에서 처음 또는 다시금 그것에 대해 알고 싶어지고, 그렇게 모든 것이 우리의 마음을 사로잡는다. 어린아이들은 세상을 당연하게 받아들이지 않고 하나의 선물로 보기 때문에 모든 것에 놀라는 것이다. 이런 아이들의 형이상학적인 생각은 사물이 〈있다〉는 것을 확인하면서도 〈있지 않았을 수도 있다〉라고 생각할 수 있는 인간이기에 자연스러운 것이다. 우리는 우연한 존재다. 세상도 물론 그렇다. 그리고 우리의 존재가 사라진다고 해도 세상은 계속된다. 하지만 우리는 뭔가 더 큰 것을 누리고 있다⋯⋯. 그것은 경이감의 본능적 메커니즘이 일상을 초월해 더 큰 뭔가에 도달하게 해주기 때문이다. 그리고 그 결과 우리는 더욱 겸손하고 진심으로 감사하는 태도를 갖게 된다.

경이감은 아이의 본능적인 메커니즘이다. 즉 아이는 경이감을 갖고 태어난다. 하지만 아이가 경이감을 느끼기 위해서는 그것을 존중하는 환경에 있어야 한다. 어떻게 하면 그런 환경에 있을 수 있을까? 이 책은 이에 대해 설명해 나갈 것이다.

하지만 그 전에 잠깐 살펴볼 내용이 있다. 교육학과 신경 과학에서는 경이감에 대해서 뭐라고 말하고 있을까? 이러한 분과 학문에서 경이감에 대해서 직접 정확한 결론을 내린 적은 단 한 번도 없다. 경이감이란 눈에 보이지 않는 현상이기에 과학으로 그것을 증명하거나 측정할 수 없기 때문이다. 그렇다면 과학에서는 인지 과정의 시작을 어떻게 보고 있을까? 인간은 정말로 알고 싶어 하는 욕구를 갖고 태어나는 걸까? 아니면 학습 과정은 전부 환경에 달린 걸까? 학습은 인간의 내부에서 시작하는 걸까, 아니면 외부에서 시작하는 걸까?

2
배움은 어디에서 시작하는가?

어린이는 어떻게 발전해 나갈까? 보통 환경에서 발전하는 데 필요한 뭔가가 아이 안에 들어 있는 걸까, 아니면 외부 자극의 중재가 필요한 걸까? 배움은 어디에서 시작할까? 〈내부〉일까, 〈외부〉일까? 그 과정의 출발점은 어디일까? 아이 자체일까, 아니면 자극일까?

지난 한 세기 동안 수많은 교육학자, 심리학자, 신경 과학자들이 이 질문에 답하기 위해 부단히 노력해 왔다. 20세기 전반기에 몬테소리는 교육계에 일대 혁명을 일으켰다. 그녀는 어린이의 민감한 시기인 생애 초기에 관해 이야기하면서 교육의 주인공은 어린이임을 역설했다. 또한 교육 과정은 아이 내부에서 시작하며 주변 환경과 교사는 단순히 조력자일 뿐이라고 단언했다.

변화의 원인이자 변화를 이끄는 주체는 오로지 〈아이〉뿐이다. 우리의 목적은 〈만들어 내는 것〉을 멈추고 아이가 본래 삶의 법칙에 맞게 조화와 자유를 쉽게 누리게 해주면서 아이 안에서 변화가 스스로 일어나게 하는 것이다.[3]

이런 관점은 처음부터 미국에서 큰 반향을 불러일으키며 당시 미국 교육 시스템에서 주류를 이루던 행동주의 및 실리주의와 크게 부딪혔다. 당시 미국 교육의 신조는 다음과 같았다.

교육은 사회적 양심에 따라 참여 과정을 통제하는 것이다. 이런 사회적 양심에 바탕이 되는 개별 활동의 통제만이 사회 재건을 위한 유일한 방법이다.[4]

상황이 이렇다 보니 몬테소리의 관점은 미국에 폭탄을 떨어뜨린 것이나 다름없었다. 1914년 많은 영향을 준 교육학자 윌리엄 허드 킬패트릭은 교육을 어린이의 가능성을 펼치는 발전과 개화의 과정이라고 주장한 몬테소리를 비난하는 자료까지 출간했다.[5] 특히 허드는 어린이의 발전을 위해 자유가 필요조건이 되어야 한다는 사실에 동의하지 않았다.

지금 우리는 몬테소리의 말이 맞는다는 것을 알고 있지만, 당시 미국의 교육학자들에게 몬테소리의 주장은 혁명과도 같았다. 허드는 몬테소리가 제안한 자유로운 놀이를 하면 초등학교에 들어가는 아이들이 목표 기준에 맞는 〈지식과 기술 습득〉

을 하지 못하게 된다고 주장했다.[6] 이 주장은 흥미로운데, 기계론적인 관점 — 〈밖으로부터〉의 관점 — 에서 볼 때 교육의 시작점은 늘 목표 기준이 되기 때문이다. 즉 사회적으로 유용하다고 여기는 것들[7] 또는 평균적으로 아이들이 잘 알거나 할 수 있는 것들에 따라서 먼저 몇 가지 목표 기준을 세우고 난 후에 아이가 그 목표 기준에 도달하는 방법들을 실천하게 하는 것이다. 계획표를 지키기 위해서는 목표 기준이 필요한데, 이것은 모든 사람이 프로그램화될 수 있다는 기계론적 관점에 따른 것이다.

1940년대부터 몇몇 심리학자는[8] 생쥐 실험을 통해 신경 심리학과 발달 심리학 과정들을 세워 갔다. 그 결과 중 하나로, 통 속에 갇혀 있는 쥐가 문제를 해결해서 좋은 결과를 얻을 때 반려동물처럼 길들여진다는 사실을 알게 되었다. 또 다른 실험에서는 그냥 통 속에 갇혀 있던 쥐들과 장난감과 터널, 바퀴, 계단 등이 있는 환경에 있던 쥐들을 비교했는데, 좋은 환경에 있었던 쥐들의 대뇌 피질 양이 증가했다는 결론이 나왔다. 이런 실험들과 인간을 대상으로 한 실험은 뇌의 가소성* 이론의 근거가 되었고, 이 덕분에 뇌는 태어날 때 모습 그대로 변하지 않는 신체 기관이라는 통념이 사라지게 되었다. 뇌의 가소성은 몬테소리가 0세에서 3세까지 아주 민감한 시기에 감각 경험을 하는 것이 중요하다고 한 말을 분명하게 확인시켜 주었다.

* 대뇌를 포함한 신경계가 끊임없이 변화하는 특성.

보육원에서 실시한 수차례의 연구에서도 같은 결과가 나타났다. 자극을 받지 못했거나 아주 적게 받은 아이들에게 ADHD와 같은 다양한 심리적, 교육적 장애가 나타났던 것이다.

이런 심각한 양상이 드러나자 미국에서는 낮은 사회 경제적 상황에 놓인 아이들, 발달 지체를 보이는 장애아들, 조산의 결과로 위험한 상황에 놓인 아이들 등 위험 상황에 처해 있는 아이들을 대상으로 조기 개입 프로그램을 시작했다.

1964년 미국에서는 가난의 대물림을 끊기 위한 시민 사회 운동인 헤드 스타트 Head Start 프로그램이 시작되었는데, 이 사회 서비스는 앞서 말한 위험에 노출된 아이들에게 생후 5년간 도움을 주기 위한 것이었다. 위험한 상황에 놓인 아이들을 대상으로 조기 개입하는 이 프로그램을 성공적으로 안착시키기 위해 미국 정부는 수십억 달러를 투자해 많은 연구를 했다. 하지만 일부 사람들은 이 프로그램이 전혀 효과가 없었다는 결론을 내리기도 했다. 또한 일부에서는 개입으로 상황이 훨씬 좋아지긴 했지만, 모든 연령층에서 그런 것은 아니고, 항상 지속되는 것도 아니며, 모든 환경에서 그런 것도 아니라는 결론을 내렸다.[9] 하지만 모든 연구 결과가 분명한 것은 아니어서 반론의 여지는 있었다.

위험한 상황에 놓인 아이들을 대상으로 만들어졌지만, 몇몇 국가, 특히 중남미 국가들에서는 이 프로그램들이 〈조기 자극〉 프로그램이라고 불리며 건강하고 정상적인 아이들에게도 적용되었다. 일반적으로 이런 종류의 프로그램을 실행할 때, 처음에 염두에 두는 것은 바로 목표 기준이다. 아이의 모든 부분이 나이에 알맞게 발전하기 위해서는 적절한 자극이 있어야 한다. 만일 아이가 어떤 부분이 사전에 표시한 목표 기준에 다다르지 못하면, 시정 조치가 이루어지고 뒤처진 부분을 정상화하기 위한 훈련이 이루어진다. 이 방법에 따르면, 아이는 밖에서, 즉 외부에서 시작된 학습 과정에서 동기 유발이 되어 움직이는 존재이다. 이런 방법은 〈더 일찍, 더 빨리, 더 잘〉이라는 전제를 바탕으로 깔고, 부모들이 자녀들에게 가능한 모든 자극을 줄 것을 권하고 있다.

하지만 여태껏 건강하고 정상적인 아이들에게 주는 조기 자극이 성공적인 결과를 낳는다는 것을 증명하는 연구는 전혀 없었다.[10] 그렇지만 적합한 인성 발달과 더 나은 인지 과정 준비에 걸리는 시간은 생애 초기에 아이와 돌보는 사람 사이에 이루어지는 관계의 질과 관련이 있다는 연구 결과들은 있다. 15년간 진행된 아이와 돌보는 사람 사이에 형성되는 애착 관계의 중요성에 대한 조사가 그 결과를 확인해 주었다.[11] 하지만 조기 자극에 대한 더 좋은 결과를 얻으려고 건강하고 정상적인 아이를 뽑는 것부터가 심각한 오류이긴 하다. 〈더 일찍, 더 빨리, 더 잘〉은 과학이 계속 주장하는 근거 없는 믿음일 뿐이다.

2007년 영국 경제 사회 조사 위원회는 신경 과학과 교육의 관계에 대한 대담에 관심을 가진, 유럽 여러 대학에서 온 열여덟 명의 전문가들이 참여한 자료집을 펴냈다. 이 자료집에서 그들은 다음과 같이 주장한다.

대중의 믿음과 달리, 가능한 한 빨리 정규 교육을 시작해야 한다는 것을 증명해 주는 신경 과학적 근거는 어디에도 없었다.[12]

그 자료집은 뇌의 가소성이 생애 초기가 아니라 평생 지속되는 현상이라고 설명한다. 또한 생쥐 실험을 통해서는 좋은 환경이 뇌 발달에 효과적이라는 사실이 증명되지 〈않았지만〉, 자극이 전혀 없으면 학습에 해를 끼친다는 데는 의견을 모았다. 자연 환경에 놓인 생쥐는 바퀴와 터널이 있는 통 속에 갇혀 있는 생쥐보다 훨씬 상태가 좋았다. 자연 친화적인 환경이라고 해서 자극이 전혀 없는 환경은 아니다. 결국, 자극의 부재가 아이에게 해를 끼칠 수 있다는 증거는 있지만, 반대로 일반 환경에 더 많은 자극을 주면 더 발전한다는 근거는 없다. 앞으로도 계속 과도한 자극이 문제를 일으킨다는 여러 가지 증거를 살펴볼 것이다.

또한 이 자료집은 신경학적 메커니즘에 영향을 끼칠 수 있다는 잘못된 신념에 근거한 〈브레인 짐Brain Gym〉과 같은 상업 프로그램에 대해 경고한다. 예를 들어, 고양이처럼 살살 기어 다니고 원숭이처럼 팔로 옮겨 다니는 신체 운동을 통해 인간의 양쪽 뇌가 균형을 이룰 수 있다는 믿음이 그런 것들이다. 지금까지 이런 프로그램이나 유사 프로그램에 대해서는 과학적으로 규명된 결과가 전혀 없다.[13] 이와 비슷한 일은 우리 자녀들의 지능을 높여 주는 척하며 대중에게 잘못된 신념을 심어 주는 게임이나 스마트폰과 비디오 게임기에서도 벌어진다.[14] 미국에서 실시한 한 설문 조사에 따르면, 62퍼센트의 부모들이 교육적인 게임, 예를 들어 오디오 북이 아이들의 지능 발달에 매우 중요하다고 믿고, 49퍼센트의 부모가 교육 DVD가 그렇다고 믿으며, 43퍼센트의 부모는 비디오 게임이 그렇다고 믿는다.[15] 미국의 어린이 오락 산업은 그들이 만들어 낸 제품의 장점을 부모들에게 매우 강하게 설득한다. 그 결과, 2004년 한 해 동안 DVD 판매가 5억 달러어치로 상승했고, 업계의 시장 점유율은 30퍼센트에 이르렀다.[16] 한편 다양한 연구 조사에 따르면, 이런 제품들의 소비와 언어 학습 및 외국어 학습의 효과 사이에는 아무런 연관성이 없다.[17] 또한 어떤 조사들은 교육적이라고 주장하는 DVD 사용과 유아 언어 및 인지 발달 사이의 관계를 증명해 보이기도 했다.[18] 실제로 미국 소아 학회에서는 두 돌도 채 지나지 않은 아이들에게 텔레비전을 보여 주지 말라고 권장한다. 연구 결과, 긍정적인 결과보다는 부정적인 결과가 더 많이 나타났기 때문이다. 최근의 연구 결과에서도 그런 미디어들이 두 살까지의 아이들에게 많은 교육적 도움이 된다는 것이 증명되지 〈않았다〉. 하지만 반대로 이런 연령층에 속한 아이들의 건강과 발달 측면에서 화면을 보는 것이 위험 요소가 될 수 있음을 경고하는 연구들은 많다.[19]

이와 관련해 1999년 캘리포니아 대학 신경 과학 분야의 세계적인 권위자인 댄 시겔은 우리에게 또 다른 실마리를 제공해 주었다. 그는 다음과 같이 주장했다.

아기나 어린아이들(혹은 그 누구에게라도)에게 〈더 좋은 뇌를 만들어 주려는〉 희망을 품고 과도한 감각 자극을 폭탄처럼 던져서는 안 된다. 보통 신경 생물학에 대해서 잘못 해석하고 있는데(방법이야 어떻든 〈많으면 많을수록 좋다〉), 한마디로 그건 절대 아니다. 부모들이나 그 외 돌보미들이 자녀들에게 주는 감각 자극의 양이 많다고 해서 걱정을 덜하거나 안심할 수는 없다. 감각 자극이 최소인 환경에서는 생애 초기에 폭발적으로 일어나는 시냅스 연결만으로도 뇌를 알맞게 발달시키기에 충분하다.

시겔은 또한 이렇게 덧붙였다.

〈생애 발달 초기에 많은 감각 자극보다 더 중요한 것은 어린이와 돌보는 사람 사이의 상호 작용이다.〉 즉 애착 관련 연구에 따르면, 건강한 발달의 핵심은 과잉 감각 자극이 아니라 대인 관계의 상호 작용이다.[20]

따라서 우리는 인지 발달 과정이 아이의 내부에서 시작하고 시겔 박사가 말한 대로 주변, 주로 인간관계의 경험을 통해 이루어진다는 것을 확인할 수 있다. 또한 시겔은 〈아이 내부〉에 있는 메커니즘이 뇌를 발달시켜 준다고 주장했다. 그리고 이런 뇌를 형성하는 발달 과정 이면에는 폐나 심장에서와 마찬가지로 비물질적인 뭔가가 작용한다고 단언하고 있다. 하지만 이것은 손으로 감지할 수 없는 무형의 실존을 다루는 것이기에 현대 과학 기기들로는 확인할 수 없다. 그래서 어떤 사람들은 그것을 정신이라고 부르고 어떤 사람은 에너지, 또 다른 사람들은 지성, 혹은 영혼이라고 부른다. 이 세상의 영적 리더들이 시겔의 발견에 관심을 보이는 것이 그저 우연은 아니다. 1999년 교황 요한 바오로 2세는 시겔 박사를 바티칸으로 초청해 〈연민의 생물학에 대해서〉라는 주제로 강연을 연 적이 있다.[21] 또한, 2009년에 시겔은 달라이 라마와 함께 〈연민의 과학적 기초〉라는 주제로 강연을 하기도 했다.

우리의 신념이 어떻든, 대다수 부모와 과학자, 그리고 교육자들은 인간을 움직이는 원동력이 무형의 어떤 것이라는 관점에 동의했다. 이미 플라톤은 철학의 시작이 경이감이라고 말했고, 토마스 아퀴나스는 이것을 〈알고 싶어 하는 욕구〉라고 말했다. 체스터턴도 경이감을 하나의 원동력이라 말하면서 이것이 외부 자극의 결과는 아니라고 했다. 그는 〈경이감의 기본적인 힘은 동화책으로 만들어지는 환상적인 습관이 아니다. 반대로 이 경이감이 동화를 비추어 준다〉라고 덧붙였다.[22] 시겔 박사가 언급한 무형의 것을 현대 과학 기기로 측정할 수 없는 것은 분명하고, 비록 신경 조직 자체로는 그것을 모두 설명하지 못하지만, 오늘날 신경 과학이 플라톤과 토마스 아퀴나스, 체스터턴의 말을 어떤 방법으로든 확인해 줄 수는 있을 것이다. 만일 그렇다면, 우리가 생각하는 경이감에 대한 발견이 획기적인 일임을 깨닫게 될 것이다. 그렇다면 경이감이 어느 정도까지 아동 발달에 핵심적인 역할을 하는지, 그리고 그것의 부재가 어떻게 유년기를 잃어버리게 할 수 있는지 확인해 보자. 시겔 박사가 말한 대로 아이에게 〈정상적인 환경 자체가 주는 자극〉 이상은 필요하지 않다면, 우리는 이런 의문을 갖게 될 것이다. 반대로 아이에게 〈밖에서부터〉 지속적인 자극을 줄 경우 무슨 일이 벌어질까?

3
과잉 자극의 결과

배움이 아이 내부에서 일어난다는 관점에서 볼 때, 그와 반대로 외부에서 최대한 많은 자극을 통해 뭔가를 움직이게 하면 아이의 행동에는 어떤 일이 일어날까? 즉 아이에게 불필요한 자극을 계속해서 주면 어떤 일이 벌어질까?

최근 몇 년간의 연구에서는 아이에게 많은 외부 자극을 줄 경우 아이가 더 똑똑해지기는커녕,[23] 오히려 그런 과잉 자극이 학습 장애를 일으킨다는 결과가 나왔다. 2011년, 텔레비전 내용과 어린이 발달 사이의 관계를 확립한 세계적인 전문가이자 미국 아동 건강 및 행동 발달 센터 소장인 디미트리 크리스테이키스는 의학 전문지 『소아 과학*Pediatrics*』에 만화 영화 「스폰지밥」 시청과 학습, 자기 통제 문제 사이의 관계에 대한 연구 결과를 발표했다.[24]

이 연구는 먼저 만 4세 어린이를 세 개의 그룹으로 나누었다. 첫 번째 그룹에 속한 아이들에게는 9분 동안 정신을 쏙 빼놓는 만화 영화인 「스폰지밥」을, 두 번째 그룹 아이들에게는 동일한 시간 동안 조용한 만화 영화인 「호야네 집」을 보여 줬고, 세 번째 그룹 아이들에게는 아무 영화도 보여 주지 않고 그림 그리기만을 시켰다. 그리고 이후 그룹별로 간단한 검사를 했다. 그 결과, 「스폰지밥」을 본 첫 번째 그룹 아이들은 다른 그룹에 비해 12점이 낮은 점수를 얻었다. 또한, 두 번째와 세 번째 그룹 아이들이 점심 식사 전에 조용히 4분 동안 기다릴 수 있었던 데 반해, 첫 번째 그룹 아이들은 겨우 2분 30초만을 기다릴 수 있었다. 물론 이런 연구 결과는 표본이 적어서 한계가 있고, 시간이 지나도 같은 결과가 나올지를 염두에 두고 조사한 것은 아니다. 다만 이를 통해 우리가 알게 된 분명한 사실은 오늘날 아이들 대부분의 주변 환경은 과잉 자극에 노출되어 있다는 것이다.

디미트리 크리스테이키스는 이러한 연구 결과가 나온 이유를 설명하면서 「스폰지밥」은 어린아이들이 보기에는 속도가 너무 빠르다는 의견을 내놓았다. 이런 문제는 「카」, 「몬스터 주식회사」, 「마다가스카」, 「아이스 에이지」 같은 만화에서도 나타났다. 이 영화들은 아동 혹은 청소년을 대상으로 만들어졌지만, 실제로는 두 살에서 다섯 살 사이 아이들도 보고 있다. 이런 영화들은 부모들의 기호에 맞춘 것일 뿐, 아이들의 건강한 발달을 염두에 두고 만들어진 것은 아니다. 실제로 미국의 또 다른 연구 조사 결과에 따르면,[25] 세 살 미만의 아이들을 대상으로 만들어진 59개의 교육용 DVD를 살펴본 결과 〈분당 7.5회의 급격한 변화〉가 나타났다. 이것은 화면 크기에 상관없이 아이가 다 살펴보기에는 물리적으로 불가능한 수치다. 그렇게 때문에 아이들이 일상생활의 속도로 돌아왔을 때 지루해하고 참지 못하며, 신경질을 내는 것은 당연하다. 「스폰지밥」에 대한 연구 조사는 텔레비전 시청 및 비디오 게임과 집중력 문제,[26] 그리고 세 살짜리 아이의 폭력적인 프로그램 시청과 그에 따른 집중력 문제 및 일곱 살 아이에게 나타나는 충동성과 관계가 있다.[27] 권위 있는 미국의 소아과 의사들은 히포크라테스 선서인 〈먼저 해가 되지 않게 하라Primum non nocere〉를 전하며, 유년기에 텔레비전을 보지 못하게 하는 것이 얼마나 중요한지를 일깨워 주었다.[28]

시겔 박사가 말한 것처럼, 어린이에게는 더도 덜도 말고 딱 〈정상적인 환경〉과 〈최소한의 자극〉이 필요하다. 우리가 작은 뇌 속의 신경 회로를 아이들에게 직접 그려 줄 필요는 없다. 아이는 내부의 원동력인 경이감을 가지고 있어서 스스로 발견할 수 있기 때문이다. 교육의 주인공은 교육 방법도, 자극의 양도, 교사도 아니다. 몬테소리가 말했듯이, 교육의 주인공은 바로 어린이다. 아이를 돌보는 사람은 그저 탐험 기지처럼 아이와 현실 사이에서 중재자 역할만 하면 된다. 만일 돌보는 사람과 아이의 관계가 충분히 안정적이라면, 아이는 점점 더 먼 곳으로 탐험을 떠날 것이다. 반대로 아이와 돌보는 사람 사이가 안정적이지 않다면, 아이는 불안해하며 주변을 안심하고 탐험하지 못하게 된다.[29] 부모들은 일터에서 돌아온 후에 아이들과 놀이 시설에서 신나게 놀아 줘야 한다고 생각하지만, 그냥 아이와 조용하게 보낼 수도 있다. 관계의 질은 아이들에게 주는 자극의 양으로 측정되는 것이 아니다. 아이와 관계를 쌓아 가는 것은 밥을 먹이고 눈을 맞추며, 부드럽게 말을 건네고 웃어 주며, 간질이는 것만으로도 충분하다. 6개월 된 아이는 주의를 집중해서 봐주는 것만으로도 충분하다. 말하는 인형이나 요람 위에 매달아 둔 모빌, 매일 밤 재우기 위해 사용하는 음악이 필요한 게 아니다. 9개월 된 아이는 풀을 뽑아서 입에 갖다 대기만 해도 너무 좋아한다. 12개월 된 아이는 방문 뒤에 숨었다가 나타나는 것을 여러 번 반복해 주거나, 선반 위에 있는 물건을 꺼내려고 손을 뻗게 하는 것만으로도 충분하다. 이와 관련해 체스터턴은 이렇게 말했다.

아주 어린 아이에게는 복잡한 동화가 아니라 단순한 이야기만으로도 충분하다. 삶은 그 자체만으로도 매우 흥미롭기 때문이다. 일곱 살 아이는 동화 속 페리코가 문을 열고 들어가 용을 발견할 때 감동하지만, 세 살배기 아이는 페리코가 문을 열기만 해도 감탄하고 난리가 난다.[30]

어린아이에게 과잉 자극을 줄 경우 감각이 무딘 어른이 되거나 다른 어린이의 입장을 이해하는 데 어려움을 겪을 수도 있다. 예를 들어 크리스테이키스가 말한 것처럼,[31] 빛이 깜빡거리고 계속 화면이 바뀌며, 빠르게 움직이고 이미지가 짧게 잘리는 텔레비전 프로그램은 어린아이의 온전한 뇌 발달에는 과잉 자극이 될 수 있다. 또한 잠재적으로 아이의 발달에 부정적인 결과를 낳을 수 있다. 이와 관련해 유년기 텔레비전 시청 시간이 주의력 결핍에 의한 학습 장애, 수업에 대한 학생들의 흥미 감소, 낮은 수학 점수, 고등 교육을 받지 못할 위험 등과 어떤 연관성을 가졌는지 다룬 연구 결과들도 있다.[32] 텔레비전의 과격한 장면들은 아이 안에 내재해 있는 지속적 학습 능력을 방해한다. 즉, 자기 자신을 발견하거나 처음 또는 새롭게 세상의 속도를 인지하는 데 혼란을 일으킨다. 잠시 연구 결과를 옆으로 밀쳐 두고 상식적으로 생각해 보자. 어린이에게 과잉 자극이 가해지면 무슨 일이 벌어질까? 만일 과잉 자극에 익숙하지 않은 아이라면, 감각의 포화 상태에서 스스로를 보호하려는 반응을 보일 것이다. 갓 태어난 아기들의 반응을 보면 좀 더 명확해진다. 아기들은 소음이 들리면 바로 눈을 감고 소음을 피해 재빨리 머리를 왼쪽에서 오른쪽으로, 또는 오른쪽에서 왼쪽으로 돌려 버리기 때문이다. 두서너 살 된 아이들도 소음에 익숙하지 않다. 소음에 의한 과잉 자극이 아주 강하게 다가오기 때문에 아이들은 거부 반응을 보이며 두려움과 울음, 내외적 긴장감을 드러낼 수도 있다. 예를 들어 처음으로 영화관에 간 어린아이는 바로 이와 같은 반응을 보인다. 만일 아이가 지속적으로 과잉 자극을 받으면, 즉 넘쳐 나는 물건들과 과도한 과외 활동, 수면 부족, 단계보다 미리 받는 자극들, 텔레비전 프로그램의 빠른 속도와 소리에 둘러싸이게 되면, 또는 아이에게 한꺼번에 여러 가지를 하라고 요구한다면 어떤 일이 벌어지겠는가? 인간에게는 복잡한 환경에 적응하는 능력이 있다. 인간은 다양한 조건 속에서 사는 데 익숙하다. 따라서 자극이 넘쳐 나는 환경에서 사는 아이는 계속되는 과잉 자극 속에서 사는 것에 익숙해진다. 과잉 자극으로 인해 감각이 포화 상태에 이르면 다음과 같은 악순환이 벌어지게 된다.

첫째, 과잉 자극은 아이가 갖고 있는 원동력의 자리를 대신하고 경이감과 창의력, 상상력을 파괴한다.

둘째, 과잉 자극으로 행복감이 눈 깜짝할 사이에 사라지면, 아이는 다시 수동적이 되어 자발적으로 행동하지 않으며, 지루해하고 게을러진다. 기대감도 조금씩 줄어들고 주변에 무관심해진다. 그러나 이건 불안한 무관심이다. 왜냐하면 어린이가 — 더 정확하게는 과잉 자극에 중독된 어린이가 — 과잉 자극과 더 많은 잡음에 익숙해져 있는 상태이기 때문이다. 과잉 자극은 어린이로 하여금 갈수록 더 높은 수준의 자극 속에서 살게 한다.

셋째, 아이는 과잉 행동을 보이고 과민해지며, 자기 자신을 좋아하지 않고, 규칙을 어기면서 어른들의 주의를 끌고 싶어 한다. 또한 과잉 자극에 중독되어 갈수록 더 높은 강도의 감각과 즐거움을 찾는다. 그렇게 다시 자극이 충족되면, 마치 불안해하던 흡연자가 담배를 입에 문 것처럼 잠잠해진다. 이처럼 과잉 자극에 길들여지면 갓 태어난 아이도 차들이 시끄럽게 지나다니는 곳에서 잠을 자고, 주방 팬이 시끄럽게 돌아가는 주방에서도 엄마들이 아기를 요람에서 흔들어 재울 수 있게 된다.

넷째, 과잉 자극에 익숙해질수록 잡음은 커지고 악순환이 계속된다. 오늘날 방송 통신 산업과 방송 매체들은 갈수록 더 무섭고 공격적이며 빠른 내용으로 자극을 준다. 뉴스의 사형 장면이나 피가 낭자한 전쟁 소식에서부터 폭력과 공포가 가득한 소식들, 모든 화면과 책 속을 가득 채운 귀신 이야기들까지 쉴 새 없이 쏟아지고 있다.

다섯째, 과잉 자극을 받은 아이는 이후에 그 모든 것을 보고 그대로 배운 청소년이 된다. 이런 과잉 자극에 둘러싸였던 아이의 과거는 현재의 욕구를 차단한다. 이런 청소년 중 몇몇은 엘리사처럼 부모님과 선생님께 도움을 요청할 것이다. 다른 아이들은 또 다른 활동을 하면서 자신의 〈오락물〉을 찾아 헤맬 것이다. 또는 문화나 종교 예술 등을 잘 알지 못해서 그저 〈쾌락〉의 도구로써 그것들을 파괴하려 들고, 학교 폭력이나 술, 약물 등에 더 관심을 갖게 될 것이다.

많은 할아버지와 할머니가 〈요즘 아이들은 예전 세대 아이들과 다르다〉라고 말한다. 물론 부정할 수 없는 사실이다. 오늘날 아이들 속에 있는 경이감을 찾아보기 위해서는 더 어린 시절로 거슬러 올라가 보아야 한다. 우리는 갈수록 많은 어린이와 청소년들이 폭력적이고 배은망덕한 태도를 보이며, 산만하게 과잉 행동을 하고 다른 사람들과 올바른 관계를 맺지 못하고, 어른들의 권위를 인정하지 않으며 자신의 감정을 조절하는 데 어려워하는 모습을 접하게 된다. 그들이 외부 자극에서 주요 동기를 찾고 있기 때문이다.

예전 다섯 살 난 아이는 「꿀벌 마야의 모험」을 보자마자 금방 빠져들 수 있었다. 하지만 요즘 아이는 그걸 보면서 지루해한다. 심지어 「호야네 집」, 「행복 배달부 팻 아저씨」, 「도라의 모험」을 보면서도 하품을 한다. 예전에 우리는 여섯 살이 되면 「E.T.」를, 열두 살에는 「구니스」를, 성인이 되어서는 「폴터가이스트」를 봤다. 하지만 오늘날에는 다섯 살이 되어도 「폴터가이스트」의 공포와 스릴 앞에서 별로 흥미를 보이지 않고, 「구니스」를 보면서 하품을 하며, 「E.T.」의 속도를 참지 못한다. 이것은 아이의 특성이 변해서가 아니다. 어린이는 어린이이고 늘 그렇게 변함이 없을 것이다. 다만 아이가 접하게 되는 환경이 변하고 있고, 이런 자극들이 천천히 진행되는 영화를 즐기지 못하게 방해하는 것이다. 이전에는 주변 환경이 아이들의 속도와 필요를 따라갔지만, 오늘날에는 아이들이 갈수록 더욱 자극적인 것들을 만들어 내는 환경의 광적인 속도에 적응해야만 한다. 지금 아이들은 텔레비전과 비디오 게임에 빠져 있고 쉴 새 없이 과외 활동을 하며, 따라서 수면 시간은 줄고, 말하는 장난감들에 조기 교육까지 온통 난리 통을 겪고 있다. 이와 관련해 몬테소리는 다음과 같이 말했다.

> 어린이가 고립된 반응을 보이고 부모를 무시하며, 의기소침해 있고 변덕스러운 등 부모가 원하지 않는 행동들을 보이면, 어른들은 이런 행동이 아이가 큰소리로 하는 표현이자 본능적인 절규라고는 거의 생각하지 않고, 그저 아이의 존엄성에 반하는 뭔가를 강요하거나 아이 발달에 꼭 필요한 것들을 못하게 하며 빼앗기만 한다.[33]

설령 교사가 아이의 이런 마음을 알아챈다 하더라도, 아이를 더 나쁜 상황이 계속되는 악순환으로 밀어 넣는 경우가 많다. 즉, 규율을 더욱 강화하면서 고집스럽게도 아이의 기본적인 욕구는 해소해 주지 않는다. 또는 아이들의 속도를 존중하지 않거나 많은 과외 활동을 시킨다. 그리고 아이들과 계속 싸우며 갈수록 더 많은 자극을 주는 수업들에 밀어 넣는다. 또한 그 중독 증세를 완화시키려고 바로 유튜브를 틀어 주기도 한다. 이 모든 것 때문에 악순환은 가속되고 갈수록 문제 해결만 더 어렵게 된다.

그 소용돌이의 강도는 아이들에 따라 다른데, 하루 동안 받게 되는 자극의 양과 연속성, 그리고 과잉 자극의 상황이 지속된 햇수에 따라 다르다. 분명한 사실은 아이들이 갈수록 알렉스처럼 〈좀 더〉를 요구하고, 엘리사와 교사들이 소위 〈동기 부족〉이라고 부르게 될 욕구를 차단하는 일반적인 태도를 보이게 된다는 것이다.

파스칼은 〈인류의 모든 문제는 인간이 방에서 혼자 침묵할 수 없게 된 데서 비롯되었다〉라고 말했다. 만일 아이가 과잉 자극의 소용돌이가 계속되는 악순환에 발을 들여놓지 않고, 누군가 답을 써준 문제지를 받지 않으며, 자유로운 놀이를 통해 스스로 리듬을 발견하게 된다면, 지적 잠재력과 상관없이 훌륭한 아이로 성장할 것이다. 아이 내부에서 시작되는 교육 과정이 아이에게 익숙한 본연의 모습이다. 아이는 호기심이 많고 발견하길 좋아하며, 발명을 잘하고 의심을 품으며, 예측을 해보고 관찰을 통해 맞는지를 확인하는 능력을 가지고 있다. 또한 조용히 나무와 꽃, 달팽이, 나비를 관찰한다. 그리고 집게벌레가 종이를 자르는지 보려고 종이를 집게 사이에 갖다 댄다. 또한 그림자놀이를 하고, 거울 속에서 자신을 늘 똑같이 따라하는 모습에 궁금해하고, 중력을 무시하는 메리 포핀스처럼 굴뚝 위로 올라갈 수 있느냐고 물어본다. 바닷가에 가면 모래 속 보물을 발견하고, 숲에 가면 나무 위에 오두막을 지을 수 있지 않을까 상상한다. 이런 모든 질문과 모험은 우리 꼬마 철학자들의 경이감에서 시작된 것들이다. 만일 경이감을 바탕으로 한 교육을 하기에 비옥한 환경이 있다면, 아이들은 그곳에서 바로 이 세상의 법칙과 신비에 대해 더 깊이 생각하게 될 것이다.

이런 경이감을 느끼는 아이는 청소년이 되어서도 계속 지적인 호기심을 갖게 되기 때문에 자연스럽게 공부하게 될 것이다. 물론 청소년들에게는 경이감만으로 해결되지 않는 특별한 특징들이 분명히 있지만, 그래도 경이감을 가지고 있으면 자연스럽게 소설들을 읽고 여러 장소의 아름다운 풍경과 다양한 사람들의 특징을 보고 느끼면서 오랜 기쁨을 맛보게 될 것이다. 또한, 세르반테스와 톨킨, C. S. 루이스와 같은 작가들의 작품을 보면서도 지루해하지 않게 될 것이다.

4
기계론적 모델의 사회적 결과

아이를 위해 목표 기준을 세우고 그것에 도달하도록 외부에서 주어지는 방법들을 적용하는 기계론적 교육 모델은 우리 사회의 발전에 심각한 문제를 야기할 것이다. 왜일까? 첫째, 그것은 아이를 프로그램화할 수 있는 존재이자 표준화된 생산품, 요컨대 외부 목표를 위한 수단으로 생각하기 때문이다. 이런 교육 모델에 따라 목표 기준은 두 가지 방법, 즉 평균 기준 혹은 사회가 매순간 유용하다고 생각하는 것들에 따른 사회적 기대감에 따라 정해진다. 이에 대해 좀 더 자세히 살펴보자.

첫 번째로, 이 목표 기준은 평균 기준에 따라서 정해진다. 즉, 또래 모든 아이가 알고 행동하는 평균 기준을 바탕으로 산출한 그래프 안에서 아이가 나이에 알맞게 행동해야 한다고 생각한다. 예를 들어, 아이가 정해진 나이에 배밀이를 하지 않거나 수업 시간에 집중할 수 없다는 이유로 이 그래프에서 벗어났다고 판단되면, 바로 위험 신호가 울리고 이를 고치려는 조치를 취하게 된다. 이에 따라 더 일찍 학습을 시작하려고 약을 먹는 아이가 늘어나고 있다. 그리고 아이들은 갈수록 늘어나는 과외 활동 스케줄을 소화하느라 교실에서 잠을 잔다. 또한 많은 아이가 수업을 따라가지 못해 학습을 반복하는 일이 늘어나고 있다. 얼마 전, 한 유치원에서는 선생님이 학부형에게 다섯 살 난 딸아이가 아직 읽고 쓰는 것이 힘드니 집에서라도 반복 학습을 시켜야 한다며 아주 심각하게 이야기를 했다고 한다. 우리를 비롯한 많은 사람은 여섯 살이 되어서야 겨우 읽고 쓰는 것을 배우기 시작했는데, 어떻게 이렇게 황당하고 말도 안 되는 일이 벌어질 수 있는 걸까?

두 번째로, 이 목표 기준은 사회적 기대감에 따라 정해진다. 우리는 자녀들을 경제적 노동 시장에 알맞은 아이로 만들고 싶어 한다. 그래서 아이가 알맞은 기술 도구를 갖추도록 준비시킨다. 이런 모델의 한계는 과연 무엇일까? 오늘날 우리는 그 한계를 분명하게 보고 있다. 오늘날 노동과 경제 시장은 급변하고 있고, 20년은커녕 한 치 앞도 내다보기 힘든 상황이다. 따라서 지금 세 살배기 아이를 그것에 맞춘다는 것은 당연히 불가능한 일이다. 노동 및 경제 모델은 계속 변하고 있다. 그것도 세대별이 아니라 3개월에 한 번씩, 심지어 1주일 단위로 변하기도 한다. 예를 들어, 어떤 직업을 얻기 위해 지금부터 아이들이 애를 쓴다고 해도, 막상 아이들이 일터에 나가야 할 시기가 되면 시장에서는 그 직업이 필요하지 않을 수도 있다. 예전에는 대학 졸업장이 취업을 보장해 주었지만, 지금은 전혀 그렇지 않다. 오히려 사회는 재치 있고 창조적이며 환경 적응 능력이 높은 사람들을 필요로 한다. 하지만 우리는 이미 아이들이 유치원 때부터 앞서가야 한다고 생각하며 새로운 기술 도구에 대해 교육하고 있다. 하지만 이런 도구들은 분명 아이들이 노동 시장에 합류하게 되는 시기가 되면, 혹은 그보다 훨씬 이전에 구시대의 유물이 될 것이다. 그리고 〈디지털 원주민Digital Natives〉*의 학습이 매우 빨라짐에 따라, 우리는 아이에게 도구 사용법을 가르치느라 시간과 소중한 자원들을 낭비하고 있다. 차라리 그 나이 아이들에게는 창의력과 재치를 키우고 환경 적응 능력을 키우도록 돕는 다른 활동을 하는 데 시간을 투자하는 것이 나을 텐데 말이다.

평균 곡선에 잘 맞는 〈정상〉적인 아이를 만들어 내기 위해 목표 기준을 세우다 보면, 눈 깜짝할 사이에 슈퍼 차일드로 만들기 위한 경주에 뛰어들게 된다. 오늘날 우리의 현실이 그렇다. 갈수록 많은 부모가 선행 학습을 위해 자녀들의 머릿속과 시간표에 학교 활동과 과외 활동을 꽉꽉 채워 넣고 있고, 그 결과 평균 곡선도 바뀌었다. 이전에는 여섯 살에 읽는 것을 배웠다면, 오늘날에는 두세 살만 되어도 꼭 읽는 학습을 시작해야 한다고 생각한다.

* 컴퓨터, 인터넷, 스마트폰 등의 디지털 기술을 어려서부터 사용하면서 성장한 세대.

그렇다면 과연 결론은 뭘까? 기계론적 모델은 수십 년간 교육 현장에서 승리를 거두었다. 분명 유용한 방법이었고 그동안에는 유용하기만 하면 별 문제 될 것이 없었기 때문이다. 하지만 지금 우리는 중요한 갈림길에 서 있다. 지금이 바로 많은 교육 시스템 중 이런 방법에 문제를 제기해야만 하는 위기의 순간이다. 갈림길의 한쪽은 이런 문제를 단기간에 해결할 만한 또 다른 기계론적 교육 모델을 찾는 것이다. 또 다른 쪽 길은 이런 교육 시스템에 문제를 제기하고 아이를 교육의 주인공으로 되돌려 놓는 것이다. 물론 이 둘 중 경이감을 느끼는 아이로 키우는 것은 후자에 해당한다.

5
교육 vs 주입

자기 통제가 부족한 알렉스와 동기 부여가 부족한 엘리사와 같은 아이들의 상황을 보면서, 몇몇 교육자는 이들에게 좋은 습관을 길러 주고 노력의 가치를 심어 주기 위해서는 〈주입식〉 교육으로 되돌아가야 한다고 주장하기도 한다. 우리도 이런 증후들을 분명히 발견하긴 했지만, 알맞은 조치를 위해서는 문제가 시작된 근본 원인을 바탕으로 진단해 가야 한다. 요즘 많은 아이가 잔꾀를 부리고 고마워할 줄도 모르며, 누군가가 자신을 기쁘게 해주고 알아서 이끌고 가주길 바란다. 아이들에게 뭔가를 해줘야 할 때, 우리는 아이가 손가락 하나 까딱하지 않을 정도로 미리 다 해주었고, 그 때문에 세상을 발견하는 자연스러운 과정인 경이감이 제자리를 잃게 되었기 때문이다. 솔직히 〈주입하다〉는 경이감을 회복하는 과정을 찾아가는 데 필요한 동사는 아닌 것 같다. 이 단어에는 외부에서 주체에게 행동을 가한다는 뜻이 분명하게 내포되어 있기 때문이다.

〈주입하다〉의 어원을 살펴보면 다음과 같다. 라틴어인 〈inculcare〉에서 〈in〉은 〈안으로〉를 뜻하고, 〈calcis〉는 〈뒤꿈치〉라는 뜻이다. 원래 뜻은 다른 것의 내부에 뭔가를 못질하기 위해 망치로 힘을 주어 뒤를 내리친다는 의미이다. 하지만 지금은 누군가에게 생각과 개념, 또는 자신이 느끼고 선호하는 것과 확신하는 것에 대해 고집을 부리며 계속 부어 넣는 것을 뜻한다.

결론적으로 보면 〈밖에서 안으로〉이다. 이것은 주체와 상관없는 외부 행동을 암시하고 있다. 주입하기는 기계론적 방법으로 많은 사람이 환영할 만한 결과를 내지 못한다. 왜냐하면, 주체가 주입받은 내용을 자신의 것으로 만들지 않기 때문이다. 한마디로 주입은 아이를 없애고 당신이 그 자리를 대신하는 것이다. 반면, 〈교육하다educar〉의 어원은 주입과 모두 반대되는 개념이다. 라틴어 〈Ex〉와 〈ducere〉가 결합된 말이다. 즉, 안에 있는 것을 밖으로 끌어낸다는 뜻이다. 아이들을 고려한 것이라 볼 수 있는데, 배움의 욕구는 밖이 아니라 안에서 시작되기 때문이다.

그렇다면 〈교육하다〉와 〈주입하다〉 사이의 관점 차이는 무엇일까? 교육 주체의 패러다임은 〈받아들이기〉인 반면, 주입하는 주체의 패러다임은 〈주기〉 혹은 〈강요하기〉이다. 교육하는 사람은 아이를 있는 그대로 받아들이고, 좋은 점들을 회복하도록 옆에서 함께 해주며, 아이 스스로 찾도록 기회를 주고 적절하지 않은 것들로부터 아이의 시선을 보호해 준다. 여기서 받아들인다는 것은 아직 이해할 만한 나이가 안 된 아이들에게 어른들 세상의 복잡하고 곤란한 것들을 보내지 않고, 그런 모든 안 좋은 의도들에 주의를 기울이는 것이다. 어린아이는 순수해서 나쁜 생각이나 왜곡된 의도를 감당할 능력이 없기 때문이다. 아이들은 맑은 눈으로 세상을 바라본다.

〈받아들이기〉는 주는 사람이나 받는 사람 모두를 좀 더 인간답게 만들어 준다. 이것은 아이가 자기 삶의 주인공이고 저만의 기본 욕구가 있다는 것, 그리고 아이들의 속도가 우리의 속도와 다르다는 것을 인정하는 것이다. 또한 아이는 자기 안에서부터 배움을 시작하기 때문에, 외부 자극을 쏟아붓지 말아야 한다는 사실을 깨닫는다.

반면 〈주입하기〉는 아이가 아닌 어른의 기준에 따라 실행하고 아이가 우리의 기준대로 따라 주길 바라는 것이다. 하지만 아이가 받아들일 준비도 안 되었는데 우리가 준다면, 우리가 주는 선물은 이해관계가 얽혀 있는 부담스러운 요구가 된다. 아이를 담보로 한 선물인 셈이다. 즉 〈너에게 이것을 해줄 테니, 대신 이걸 하고 내가 원하는 행동들을 해야만 해〉 하고 말하는 것이나 다름없다. 누군가 당신에게 〈네가 잘하면 해줄게〉라고 말한다면 당신 또한 질색할 것이다. 어떤 일이 벌어지고 있는지를 이해하고, 이 상황을 말로 표현할 수만 있다면 아이는 분명 이렇게 대꾸했을 것이다. 〈날 좋아하는 거예요, 아니면 잘하는 내 모습을 더 좋아하는 거예요? 날 좋아한다면, 있는 그대로의 날 받아들여 줘요. 그러고 나서 잘하는 내 모습도 좋아해 줘요. 날 잘 인도해 주고 잘할 기회도 주면서요. 그리고 내 특성에 맞는 것이 내 주변에 있게 해주고 맞지 않는 것에서 날 보호해 줘요.〉 도대체 목적과 수단을 헷갈리지 않으려면 얼마나 더 많은 시간이 걸려야 하는 걸까! 교육의 목적은 아이 자체이지 아이와 함께 무언가를 얻기를 바라는 게 아니다.

주입하는 것은 방법이 아니다. 또한 오늘날 수많은 법칙과 윤리 강령에 집중해서 벌을 주거나 강요하는 것도 올바른 해결책은 아니다. 그렇게 하면 아이들에게 우리가 기대하는 바와는 정반대인 면역체가 바로 생성되기 때문이다. 또한 지속적인 〈보상〉도 올바른 방법은 아니다. 보상은 틀에 박힌 조건화된 행동을 만들어 내고 아이들이 그것을 장려하는 사람들과 기관, 정부에 의존적이 되기 때문이다.

오늘날 우리는 자유를 추구하려 애쓰고 있다. 하지만 동시에 자신의 정체성을 찾는 과정에서 지금처럼 〈유행에 휩쓸려〉로 봇처럼 〈원격 조종된〉 삶을 사는 사람들이 많았던 적은 없었다. 노력 없이는 자유도 없는 법이다. 안에서부터 생겨나는 동기가 없다면 아무리 노력해도 소용이 없다. 하지만 경이감이 각 인간의 내부에서 뿜어져 나와 마음과 머리에서 탄생한다면, 동기 부여는 계속 이루어질 것이다. 그렇게 되면 외부에서 주는 동기 부여에 얽매이지 않고 스스로의 신념에 따라 움직일 수 있게 되기 때문에, 이런 경이감이 우리를 〈좀 더 인간답게〉 만들어 주지 않을까? 요즘처럼 이렇게 〈동기 부여〉를 다룬 비즈니스 서적과 자기 계발 서적이 많았던 적은 없다. 경이감이 우리 안에서 숨 막힌 채로 갇혀 있다면, 사람들은 그것을 대신할 것을 외부에서 찾느라 동분서주하게 될 것이다. 오늘날 기업의 대표들은 설득의 기술을 공부하고, 외부 요인들을 살펴보기 위해 작업 환경에 대한 설문을 하며, 돈을 들여 코칭을 하고 동기 부여에 대한 〈기술〉 훈련을 시킨다. 이에 질세라 부모들도 아이들을 재우고 먹이고 〈바른 행동〉을 하게 하기 위한 쉬운 방법들을 여기저기에서 찾고 있다. 사람들은 자기 계발 서적들을 읽고 동양 철학을 비롯한 온갖 삶의 철학 등을 신뢰하게 된다. 안에서 밖으로의 삶을 사는 대신, 밖에서 안으로의 삶을 사는 것이다. 우리는 온갖 것들에 〈열 가지 방법〉, 〈스무 가지 방법〉 등을 제시하는 자기 계발 서적을 보면서 쉬운 방법만을 찾으려 한다. 막상 찾는다고 해도 더 깊이 생각할 시간이 없어서 잘 곱씹어 보지도 못하면서 말이다. 행복을 찾아다니는 사람은 많지만, 행복을 만들어 가는 사람은 극히 드물다.

이런 상황을 정상으로 되돌리려면, 이 문제에 대해 좀 더 깊게 다가가야 한다. 자발적 노력이 결핍된 문화를 변화시키기 위해 우리가 바꾸어야 하는 것은 어린이와 청소년이 아니라, 자녀들의 교육에 대해 우리가 가지고 있는 관점이다. 〈주입〉을 멈추고 〈아이들 안에서 최고의 것을 끄집어내야〉 한다. 아인슈타인은 〈우리가 뭔가를 만들었을 때와 똑같은 사고로는 발생하는 문제들을 해결할 수가 없다〉라고 했다. 만일 잃어버린 경이감 때문에 아이들의 욕구가 차단되고 없어지며 그래서 아이들이 노력하지 않는 것이라면, 우리는 아이들이 경이감을 다시 발견하도록 도와줘야 한다. 경이감과 관련해서 어린이 교육을 다시 생각하고 점검해 봐야 한다. 즉, 경이감을 느끼는 아이로 키우는 교육을 배워야만 한다. 그렇다면 그런 교육은 어떻게 하는 것일까? 경이감을 느끼는 아이로 교육하는 것은 아이 내면의 자유를 존중하고 교육 과정에서 아이의 힘을 믿으며, 아이의 속도를 존중하고 침묵과 자유로운 놀이를 즐기게 해주는 것이다. 또한 유년기 단계를 존중하면서 아이 주변에 과도한 감각을 쏟아붓지 않고 아름다운 것들로 둘러쌓아 주어야 한다…….

유년 시절은 인생의 땅을 일구는 시간이다.
감정과 아름다움의 의미,
새로움과 모르는 것에 대한 열정,
공감과 연민, 존경과 사랑의 느낌이 들면,
우리는 감동의 대상에 대해서 알고 싶어진다.
그렇게 그것을 발견하게 되면, 그 의미는 지속된다.
아이가 흡수할 준비가 안 된 수많은 자료를 주는 것보다
아이가 알고 싶어 하는 길을 준비하는 것이 중요하다.
— 레이철 카슨,『센스 오브 원더』중에서

2부

어떻게 경이감을 갖도록
교육할 것인가

6
내면의 자유:
통제된 혼란 속의 자유로운 놀이

앞에서 이미 우리는 배움의 과정이 내부에서 시작한다고 말했다. 경이감은 알고 싶어 하는 욕구다. 하지만 감탄하고 놀랄 수 있으려면 내면이 자유로워야 한다. 여과해 내는 필터와 편견이 적으면 적을수록, 생각이 일정한 방식으로 〈정해지지〉 않기 때문에 내면은 더 자유로울 수밖에 없다. 예를 들어, 어린아이들은 〈다른 사람들이 하는 말〉과 〈모든 것이 잘 되고〉 있다는 겉치레와 평판에는 별로 신경 쓰지 않는다. 아이는 거의 모든 것에 속박당하지 않는다. 그래서 그들의 창의력은 어른들보다 높다. 하지만 바로 이런 의문이 든다. 최소한 그 창의력을 체계화할 수 있도록 해줘야 하지 않을까? 어떻게 하면 혼동 속에서 뭔가를 더 잘 발견하게 해줄 수 있을까?

발명과 훈련은 왠지 서로 상반된 것처럼 보이지만, 사실 그렇지 않다. 실제로 늘 유머가 넘쳤던 아인슈타인은 성공을 위한 공식을 다음과 같이 정리했다.

$$A(성공)=X(일)+Y(놀이)+Z(침묵)$$

만일 일을 하는 데 내면의 자유가 없다면 성공하기 어렵다. 여기에서 놀이는 〈뭐 좋은 것이 없나〉 생각하며 영화관에 가거나 텔레비전을 보고, 또는 스마트폰을 들고 소파에 널브러져 있는 등의 〈기분 전환〉이나 지루한 시간 보내기의 차원이 아니다. 놀이란 바로 과제를 하면서 느끼는 즐거움이다. 마음에서 우러나와 그 일을 하면서 거기에 상상력과 창의력, 내면화 과정을 보태면, 그것이 곧 자신의 것이 되기 때문이다. 예를 들어, 아이가 고운 모래와 물, 돌멩이를 가지고 바닷가에서 몇 시간 동안 조용히 집중해서 성을 쌓는 것을 말한다. 또한 식탁 주변에서 담요로 오두막을 짓는 아이에게서도 찾아볼 수 있다.

지식과 경이감을 연관시킨 토마스 아퀴나스는 지식을 얻을 수 있는 두 가지 방법에 대해서 말했다. 첫째는 〈발명과 발견〉을 통해서이고, 둘째는 다른 사람이 도와줄 때, 즉 〈훈련과 학습〉을 통해서이다.

아퀴나스에 따르면, 첫 번째가 두 번째 방법에 비해 좀 더 〈수준 높고 고상한〉 방법이다. 모든 훈련은 지식이 선행되어야 할 수 있기 때문이다. 지식은 배움의 씨앗이 심어진 곳에서, 그것을 발견하는 주체를 통해 싹을 틔운다.[34] 그는 7세기 전부터 오늘날 신경 과학자가 주장하는 내용을 꿰뚫어 보고 있었던 셈이다. 신경 과학자 댄 시겔은 〈우리는 경험에 1백 퍼센트 의존하는 게 아니라, 오히려 경험을 기대하고 있다〉라고 말했다. 아이는 선천적으로 배움에 주도적으로 다가간다. 하지만 오늘날 우리는 그 움직임을 과소평가하다 못해 아예 무시하고 있다. 또한 지속적으로 외부 자극이라는 폭격을 아이에게 퍼부으며 그 움직임을 없애고 있다. 배움은 내부에서 일어나고, 알고 싶어 하는 욕구는 경이감을 통해 나타나는데 말이다.

우리는 발명과 훈련이 반대되는 개념이 아니라 서로 상호 보완적인 개념이라는 것을 금세 알게 될 것이다. 하지만 순서가 무관한 것은 아니다. 그보다도 첫째로, 아이가 스스로 발견할 수 있도록 알맞은 환경을 조성하면서, 교육의 주인공인 아이와 함께 해주어야 한다. 그렇다고 아이에게 상상력 대신 흥미를 끌 만한 특별한 것들을 보여 주고 특정한 행동을 하게 하도록 미리 동기 부여를 하자는 뜻은 아니다. 둘째로, 이것은 꼭 이 두 번째 단계에서만 해야 하는데, 아이의 동기 유발을 고려해 지식 전달을 구조화하고 스스로 발견과 발명을 시작하도록 조율해야 한다. 하지만 이 구조는 최소에 그쳐야 하고, 발명과 발견을 쉽게 하도록 도와주는 역할만 해야 한다. 그것은 목적이 아니라 수단일 뿐이기 때문이다.

물론 아이들을 통제하지 말고 자유를 주어야 한다는 결론에 도달하기 위해서는 이 조언이 어울리지 않을 수도 있다. 하지만 아이는 혼자서만 교육받는 게 아니므로, 그런 면에서는 당연히 제한선을 정해 주어야 한다. 즉, 우리는 어느 정도 통제된 환경을 준비해야 한다. 하지만 한편으로는 아이의 변덕에 항복하는 것과 아이가 교육의 주인공이 되게 하는 것은 꼭 구분해야 한다. 예를 들어, 아이에게 〈그래서 넌 저녁으로 뭘 먹고 싶은 건데?〉라고 묻는 것이 아이의 변덕에 굴복해서 어쩔 수 없이 하는 질문이라면, 〈레고 블록으로 뭘 만들고 싶니?〉라고 물어보는 것은 앞의 질문과 매우 다르다. 후자의 경우는 아이가 스스로 입장을 정하고, 혼자 활동을 시작하며, 창조적인 배움을 내면화하도록 두는 것이다. 십중팔구 이런 아이는 고등학교를 졸업하고 나서, 부모가 강요하지 않아도 진로를 좀 더 쉽게 선택할 것이다. 그리고 미리 정해 놓은 학과에 들어가기 위해 시험 목표를 세우고 좀 더 수월하게 공부할 것이다. 우리가 스스로 목표를 정하고 이를 이루려고 애쓰는 아이 내면의 움직임을 존중하면, 청소년이 되어 그 목표를 좀 더 쉽게 이룰 것이다. 따라서 부모나 교사가 동기를 유발할 필요가 없어진다.

앞에서 말한 규칙들을 존중하는 교육의 구체적인 방법은 〈통제된〉 혼란 속에서 하는 자유로운 놀이이다. 여기서 통제는 최소한의 구조(아이가 있는 공간, 가지고 있는 물건들, 다른 이들과 함께하고 순서를 지키기 위한 기본적인 규칙들, 준비된 교사들과 함께 있는 것 등)이고 이 속에서 아이는 자유롭게 뭔가를 발견하게 된다.

국제 학업 성취도 평가PISA에서 늘 상위권을 유지하는 나라로 유명한 핀란드의 교육부는 유치원생들의 자유로운 놀이와 비슷한 배움의 관점을 다음과 같이 설명했다.

아이는 안전한 환경에서 차분하게 자유로운 경험을 하고 다른 친구들과 즐길 수 있는 능력을 갖고 있다. 아이는 배움의 주체이고, 이 배움은 호기심과 탐구 의지, 자아실현의 기쁨으로 촉발된다. 아이들의 행동을 관찰하면서 그들과 상호작용하는 동안 교사들은 아이들의 사고방식과 그들의 세상을 깊이 탐구하게 된다. 여기서 중요한 것은 그러면서 아이들 스스로 탐구심과 궁금증, 생각, 행동이 의미가 있다고 여긴다는 사실이다.[35]

교사는 아이 곁에서 신중하고 겸손하게 돕는 조력자일 뿐, 앞에서 이끌어 가는 주체가 아니다. 주인공은 바로 아이다.

단, 우리가 선택한 놀이에는 아이를 작동시켜 주는 건전지나 버튼이 들어 있지 않은 것이 중요하다. 이와 같은 것은 아이가 스스로 갖고 태어나기 때문이다. 작동시켜야 하는 것은 놀이가 아니라 아이다. 놀이를 통해 아이를 움직이게 해야 한다. 아이는 남들이 대신 생각해 준 것이 아닌, 스스로 생각할 공간을 가져야 한다. 기계론적 모델이 주장하는 바와는 반대로 우리 자녀들이 쏟아 놓는 질문들에는 종종 답이 없을 때도 있다.

그럴 때마다 어떤 어머니들은 아이에게 이렇게 되묻는다.

「넌 어떻게 생각하는데?」

만일 어린이가 이런 답변을 불편해하거나 불안해한다면, 이미 혼자 생각하고 꿈꾸는 상상의 습관을 잃어버렸다는 뜻이다. 반대로 조용히 웃으며 〈딴생각을 하느라〉 정신이 홀딱 빠져 있다면, 우리는 아이 스스로 생각하는 과정을 함께하며 조용히 함께 있어 주기만 하면 된다.

「엄마, 이 신발은 이쪽이에요?」
「아니.」
(다른 쪽 발을 가리키며) 「그럼 이쪽인가요?」
「아니.」

순간 아이는 혼란에 빠진다. 그리고 몇 초 후에 사랑스러운 미소를 지으며 엄마를 바라본다.

「아, 알겠어요! 고마워요, 엄마.」
「고맙긴.」

특히 놀이를 통한 발견은 아이의 올바른 발달을 위해 매우 중요하다. 반면 법칙, 방법, 교보재 등으로 이루어진 훈련은 단지 보조 수단일 뿐 목적 자체는 아니다. 교육학 분야의 권위자인 빅토르 가르시아 오스는 다음과 같은 사실을 일깨운다.

이 나이 때에 맞는 교육 과정은 주로 놀이를 통한 것인데, 놀이는 〈문화보다 오래된〉 것이다. 재료를 효과적으로 사용하고 교육의 주인공인 아이들과 대화하는 것이다. 하지만 매일매일 과제를 해결해 가는 과정에서 아이들의 상상력과 창의력이 생생하게 살아 있지 않거나, 교사들이 과학적 증거를 이해할 만한 지식을 갖고 아이들의 열린 눈 뒤에서 세상의 모든 신비와 인간 존재의 모든 가능성을 민감하게 알아채려는 노력을 하지 않는다면, 그 방법은 절망적이고 이미 죽은 것이다.[36]

놀이는 아이들이 경이감을 통해 느끼며 배우게 되는 일반적인 활동이다. 어린아이들은 타고난 발명가다. 담요를 주면 바로 집을 뚝딱 짓고, 물과 흙을 조금만 줘도 엄마와 나누어 먹을 빵을 그 자리에서 구워 낸다. 특별한 체계를 갖추지 않은 놀이 시간이 아이의 문제 해결 능력과 창조력,[37] 집중력을 높이는 데 중요하다는 연구 결과도 있다.[38] 또한 일부 전문가들은 상상력이 풍부한 놀이가 아이의 충동 조절 능력에 효과가 있다고 주장한다.[39] 상상력은 무언가를 하는 동안 그것을 할 수 있다고 계속 상상하게 만들기 때문이다. 아이는 놀이를 하면서 자신의 자유를 행사하는 방법을 배우게 된다. 최근 저명한 잡지 『하버드 에듀케이셔널 리뷰_Harvard Educational Review_』에서는 호기심이 아이들의 지능 발달에 중요한 원동력이자 진짜 배움을 지속시키는 메커니즘이라는 주장을 내놓았다.[40] 놀이는 어린이들이 호기심을 발휘할 수 있는 최고의 환경인 셈이다. 즉 안에서부터 밖으로 배우는 과정이다.

최근 미국에서 실시한 연구 조사에 따르면, 유치원 아이들에서부터 초등학교 3학년까지 아이들의 창의력은 지난 20년간 꽤 많이 떨어지고 있다.[41] 많은 사람이 일반적으로 사회와 교육 시스템에 창의력의 위기가 왔다고 입을 모은다. 창의력 전문가이자 시카고 대학 심리학과 교수인 미하이 칙센트미하이의 말에 따르면, 일을 실행할 때 창의력을 꽃피우고 일을 즐기는 것은 지루함과 불안함의 중간 상태에서 생겨난다.[42] 여기서 지루함은 일을 실행하는 사람의 경쟁력에 비해 일이 너무 쉬울 때 생긴다. 즉 도전도 동기 부여도 없는 상태인 셈이다. 예를 들어, 아인슈타인과 같은 탁월한 창의력을 가진 사람들의 40퍼센트가 학창 시절에 공부를 잘하지 못한 것도 그런 이유에서다.[43] 반대로 불안함은 일을 실행하는 사람의 경쟁력에 비해 일이 너무 어려울 때 발생한다. 자신이 무능하다고 느끼고 좌절할 때, 모든 배움은 원천 봉쇄를 당한다.

과도하게 구조화되어 있거나 훈련을 발명과 발견보다 중요하게 여기는 활동은 어린아이에게 지루함이나 불안함 둘 중 하나를 느끼게 한다.

다른 한편, 아무리 교육용이다 하더라도 영화와 PC 게임, 스마트폰 화면으로 이루어진 오락물은 아이를 더 수동적으로 만들고 주의를 산만하게 한다. 생각하는 힘을 덜 요구하기 때문에 머리를 덜 쓰게 되고, 그렇게 되면 머리가 점점 더 멍청해지고 생각하지 않는 습관이 생기게 되기 때문이다.[44] 따라서 우리는 갈수록 지루함을 느끼는 아이들의 연령대가 낮아지고 있다는 것을 직접 확인하게 된다.

반대로 아이는 자유롭게 놀면서 자연스럽게 지루함과 불안함 사이의 균형을 스스로 찾아간다. 아이의 지식에 대한 타고난 욕구는 자신의 능력에 맞는 도전을 하게 하고 창조적인 생각을 배우고 발전시키게 해준다.

우리 자녀들이 어떤 환경에 있는지 살펴보기 위해서는 〈지루함 검사〉라는 것을 해볼 수 있다. 방학과 축제, 주말은 구조화된 활동과 외부 과잉 자극이 없는 환경에 있는 아이들을 관찰하기에 딱 알맞은 시간이다. 자녀가 장난감이나 방석, 카드, 텔레비전 화면, 자전거 없이 자연의 열린 공간에서 형제자매와 두서너 시간가량 자유롭게 놀게 하고 어떻게 시간을 보내는지 잘 살펴보자. 부모 없이도 조용하게 상상의 놀이를 하며 혼자 즐기는가, 아니면 너무 지루해하며 불안과 과잉 행동을 보이는가? 만약 세 살에서 여섯 살 사이의 아이가 지루해한다면 그건 뭔가 비정상적이다. 왜냐하면 아이의 창의력은 끝이 없고 대체로 아직은 덜 오염된 시기이기 때문이다. 어린이들이 지루해한

다면, 그 아이는 극성스럽고 광적인 삶의 속도와 과도하게 조
직화된 환경, 또는 너무 높은 자극에 노출되어 이미 거기에 길
들여져 있다는 뜻이다. 만일 우리 자녀들이 자연에서 이루어지
는 이와 같은 시험을 무난하게 통과한다면, 병원 대기실 같은
곳에서도 같은 시험을 반복해 볼 수 있다. 물론 그곳은 텔레비
전 화면이 아예 없거나 잘 틀어 놓지 않는 곳이어야 한다.

　발명과 발견이 먼저이고, 훈련과 학습은 나중 일이다. 아동
교육에서 이 순서를 지키지 않으면, 카를 융이 〈우리는 모두 진
품으로 태어나서 복제품으로 죽는다〉라고 말한 것과 같은 결
과가 된다. 아이는 더도 덜도 말고 딱 그가 말한 대로 될 것이
다. 즉 상황을 해결할 다른 방법을 상상해 보는 대신 간단히 스
위치 누르는 법만을 배우게 될 것이다. 그리고 아무도 그렇게
해야 한다고 말해 주지 않으면, 자신의 결정에 책임을 지지 않
고 튀지 않기 위해 옆에 앉은 학생을 보고 그대로 따라하게 된
다. 발명과 발견의 능력이 부족하면, 바로 무책임과 체제 순응
적인 태도만 낳게 되는 것이다.

7
원하는 대로 다 가질 수는 없다

경이감을 죽이는 가장 직접적이고 효과적인 방법은 아이에게 무언가를 갖고 싶어 할 기회를 주지 않은 채 원하는 즉시 다 주는 것이다. 모든 것을 다 줘서 생기는 광적 소비주의는 아이의 경이감을 파괴한다. 이런 아이들은 모든 것이 반드시 자신을 따라온다고 생각하게 되는데, 이는 경이감을 거스르는 태도이다. 여기서 더 나아가면 사물이나 사람이 늘 자기가 원하는 대로 따라야 한다고 여기는 심각한 지경에 이르게 된다.

임신과 호박, 나비, 우정, 사랑 등 모든 소중한 것에는 시간이 필요하다. 그것들을 기다리고 원하며 노력해서 알려고 하면, 우리는 그것들을 더 즐길 수 있게 된다. 그리고 그 존재 앞에서 경이감을 느끼게 된다.

『돈키호테』를 쓴 대문호 미겔 데 세르반테스는 〈물질의 풍요로움은 좋은 것이지만, 그것 때문에 본질의 가치를 높게 평가하지 못하게 된다〉라고 말했다. 우리는 자녀들이 생일에 무감각하게 기계적으로 선물을 풀어 보는 모습을 종종 목격하게 된다. 그들은 선물 앞에서 더 이상 놀라거나 감동하지 않는다. 그래서 우리는 아이들이 감동하는 모습을 보기 위해 갈수록 더 세련되고 화려하며, 비싼 물건들이 가득한 소비주의의 소용돌이 속에 휩싸이게 된다.

우리는 이제까지 넘쳐 나는 것들이 얼마나 아이의 느낌을 무디게 하고 욕구를 차단하는지를 지켜봐 왔다. 이렇게 아이의 욕구가 차단되면, 빠른 영화와 오락 게임 등 외부에서 즐겁게 해줄 뭔가가 필요해진다. 그 결과 상상력을 바탕으로 놀이를 지어 내고 그것을 내면화시키는 과정이 점점 더 힘들어진다. 그리고 아이들은 자신의 손에 있던 것이 사라지거나 부족해지면, 학교나 집, 혹은 어떤 곳에서든 권위에 시비를 걸고 규칙을 파괴하는 것에서 즐거움을 찾게 될 것이다. 이렇게 아이들은 갈수록 더 일찍 각자의 단계에서 벗어난 〈놀이〉에 노출되고 있다.

훌륭한 유치원 교사 마르타와 인터뷰를 하면서 나는 학생들에게서 경이감을 잃어버린 모습을 봤느냐고 물어보았다. 내 질문의 뜻을 바로 이해한 그녀는 다음과 같이 대답했다.

확실하게 봤어요. 이런 아이들의 모습은 두 가지 영역에 영향을 미칠 수 있어요. 먼저 학습에 영향을 끼칩니다. 경이 감이 없으면 아이들은 배울 수가 없어요. 저희 선생님들은 그런 아이들의 관심을 끌기 위해 갈수록 더 세련된 공중제비를 해야 하죠. 한번은 이런 일이 있었어요. 유치원에서 특별한 날이라서 아이들에게 근린공원으로 소풍을 가서 샌드위치를 먹자고 했습니다. 그곳에 가서 몇 가지 알려 주고 싶은 게 있었거든요. 물론 그곳에 가서 특별하게 아이들을 혹하게 할 건 아무것도 하지 않았습니다. 그냥 교실에 있을 때와 똑같이 대했죠. 그러면서 아이들에게 뭔가를 가르쳐 주려고 했더니 힘들기만 하고 아이들의 관심을 전혀 끌지 못했습니다.

두 번째로, 이런 경이감의 상실은 또 다른 영역에도 영향을 끼칠 수 있어요. 이미 일상에 흥미를 잃은 아이들은 새로운 자극을 찾습니다. 일상생활에서 원하던 것을 찾지 못하면 원래 있던 규칙을 깨뜨리면서 흥미를 느낄 만한 것을 찾기 시작합니다. 마당이라는 한계를 벗어나 물건을 부수고 식탁 위에 있는 음식을 집어 던지며, 교실에서 선생님 말도 듣지 않으려 하고 도와주는 사람들에게 욕을 하는 등의 못된 짓을 하죠. 정말 이 아이들이 청소년이 되어 더 나쁜 짓을 하게 될까 봐 이만저만 걱정이 되는 게 아니에요.

유순한 엄마는 변덕스럽게 수천 가지 요구를 해대는 자녀들을 보며 〈나는 부모님 말씀에 순종했는데, 내 자녀들은 내 말을 따르지 않는〉다고 불만을 토로한다. 우리의 삶을 자녀에게 풍족을 베풀고 즐겁게 해주는 데만 온전히 바치면 어떤 일이 벌어질까? 분명 많은 부모가 자녀의 변덕 앞에 무릎을 꿇게 될 것이다. 오늘날에는 문화적으로 아이를 장식용 트로피로 만들려는 풍조가 강하기 때문이다. 형이 입던 옷을 물려 입고, 학교에 유행이 지난 가방을 들고 다니고, 한 학기가 끝날 때까지 같은 운동화를 신고, 모두가 가진 색색의 포켓 몬스터 카드를 갖지 못한 아이를 불쌍하다는 시선으로 바라보게 하는 문화 속에서 우리는 무엇이든 아이들이 원하는 대로 다 해줄 준비를 하고 있다.

데이비드 베컴이나 브래드 피트와 같은 유명한 부모들은 자녀들을 마치 최신 유행하는 액세서리처럼 과시하고 있다. 또한, 예전 같으면 배우에게 임신은 일을 그만두게 되는 원인이었지만, 이제 배우들은 임신한 모습으로 『헬로』나 『피플』 같은 잡지의 표지 모델이 된다. 또한 파파라치들은 스타 자녀들의 최근 모습을 찍으려고 서로 싸운다. 여러 나라에서 실시한 설문 조사에 따르면, 아주 부자일수록 대가족을 이루는 숫자가 늘어나고 있다. 오늘날 아이들은 부의 상징이자 소비주의 문화의 확실한 지표가 되었다. 여성이 장식용 트로피이던 시절은 지나갔다. 오늘날 트로피는 바로 아이들이다.[45]

우리가 아이를 선물로 여기지 않으면, 그들은 바로 진열장에 놓인 트로피로 변하게 된다. 그리고 트로피 같은 아이에서 다루기 힘든 아이가 되는 것은 정말 눈 깜짝할 사이다. 부모들에 따르면, 트로피 같은 아이는 너무 완벽해서 도저히 고칠 수가 없다. 계속 〈귀엽게〉 있으면서 거기에다 〈빛날〉 수 있게까지 하려면, 그리고 많은 사람 앞에서 〈즐거운〉 아이로 만들려면, 부모들의 변덕을 모두 멈추어야 한다. 「엄마, 저거 사줘. 안 사주면 평생 잊지 못할 말썽을 부릴 거야.」네 살 난 아이가 중요한 모임 자리에서 엄마에게 이렇게 협박한다. 그럼 부모는 아이가 성질을 부리는 걸 막기 위해 뭐든지 다 해준다. 또한 자녀에게 별 권위가 없다는 사실이 들통 나지 않도록 뭔가를 심하게 강요하지도 않는다. 아이를 계속 효과적으로 통제하기 위해 상점에서 원하는 모든 것을 사주고 몇 시간 동안 아이들을 떼어 놓고 평온하게 보내는 쪽을 선택하는 것이다.

길을 가다 보면 아이들이 뭔가를 사달라고 떼를 쓰며 소리 지르는 모습을 종종 보게 된다. 부모가 뭐라고 해도 소용이 없는 아이들의 모습이 이제는 별로 이상하지도 않다. 끝까지 부모가 〈안 돼〉라고 말하는 경우를 본 적이 없는 아이는 절대 멈추는 법이 없다. 아이들은 상황에 따라 어떻게 해야 하는지에 대한 규칙을 이미 잘 알고 있고, 원하는 것을 얻어 내기 위해 상황을 조종하며 가지고 놀 줄 안다. 이런 〈마법의 공식〉을 알고 있어서 어떤 때는 부모에게 고마워하기도 하지만, 보통은 냉소의 씨앗이 아이 내부에서 싹을 틔웠기 때문에 은혜를 모르고 배은망덕하게 군다. 이런 아이들은 부모를 때리거나 소리치고 모든 것을 부수며 앞을 똑바로 보지 않은 채 뛰어다닌다. 또한 옷 가게나 옷장에서 맘대로 옷을 꺼내 늘어놓고, 늘 음식 투정을 하고, 30초도 안 되어 과자 한 봉지를 다 먹어치우고, 별 감동 없이 선물을 풀어 보고, 어른들에게 무례한 태도로 대답한다. 또한 말을 할 때 눈을 바라보지 않으며, 설령 쳐다보더라도 아주 반항적이다. 그리고 이 모든 것에 일관성이 없다. 변함없이 그대로 있는 것은 그저 포기한 부모의 수동적인 눈빛뿐이다. 이렇게 주변을 마음대로 휘젓고 다니는 아이들은 커서도 자기 좋을 대로 하는 폭군 같은 행동을 할 가능성이 높다.

어떻게 해야 이런 모습들을 원래대로 되돌릴 수 있을까? 많은 방법이 있겠지만, 기본적으로는 경이감을 좀 더 많이 느끼게 해야 한다. 혹할 만한 화려한 사치품 대신 평범한 상품을 늘리며, 스마트폰 사용을 줄이고 가족과 보내는 시간을 늘리며, 모바일 게임 시간을 줄이고 자전거 타는 시간을 늘리며, 물질적 보상을 줄이고 애정 표현을 더 많이 하며, 텔레비전 시청 시간을 줄이고 산에 오르는 등 자연을 관찰하는 시간을 늘리며, 소음을 줄이고 침묵을 늘려야 한다. 즉 유익하고 소중한 것에 더 많은 시간과 노력을 쏟는 법을 배우게 해야 한다. 그리고 무엇보다 아이에게 알맞지 않다고 판단되는 것에는 〈안 돼〉라고 끝까지 단호하게 말해야 한다. 어느 정도 제한을 두고 아이 내면의 자유를 존중하는 것 그 자체로는 모순이 아니다. 오히려 그 반대다. 이미 우리는 앞에서 어느 정도 제한을 둔 자유로운 놀이를 통해서 하는 훈련과 발견이 상호 보완적이며, 그것을

〈통제된 혼란〉이라고 부른다는 것을 살펴보았다. 하지만 아이들이 좋아하는 놀이 중 어떤 것은 아이 스스로 제한선을 확인해 볼 수 있게 해준다.

하지만 제한을 정해 둔 놀이라고 해도 놀이를 하지 않는 것보다는 낫다. 예를 들어, 어떻게 해야 햇빛을 가리기 위해 씌워 준 모자를 아이가 벗지 않고 계속 쓰게 할 수 있을까? 모자를 계속 씌워 주면 된다. 다시 벗으면? 다시 또 씌운다. 또 벗어 던지면? 그럼 또다시 씌운다. 아이가 모자를 벗지 않을 때까지 말이다. 그리고 어느 정도 나이가 먹은 아이라면, 자신이 한 행동의 결과를 알려 주기 위해 집으로 발길을 돌리며 이렇게 말할 수도 있다. 〈어떡하지, 햇살이 너무 따가워서 모자를 안 쓰면 공원에 갈 수 없겠어. 할 수 없네, 다음에 가야지……. 너무 안타깝다!〉 아이들이 스스로 어떤 제한이 주어져 있는지 확인해 보면서, 그 안에서 놀게 하는 것이 좋다. 또 다른 예로, 콩을 싫어하는 세 살짜리 아이에게 어떻게 콩을 먹일까? 계속해서 콩을 먹이는 것이다. 안 먹는다면? 그럴 때는 아이가 눈치채지 못하도록 다른 음식들 속에 콩을 섞어 두는 노력이라도 해봐야 한다. 〈대략 두 살 전〉 아이는 아직 순종할 능력이 없어서 아이가 관심 있는 것을 만질 때마다 잘 살펴보고 위험한 것들을 제거해 주는 것이 좋다.

어린아이들은 그 누구도 속이지 않는다. 하지만 이때 아이와 부모 사이에 있는 불신의 악순환은 아이가 무시당한다는 느낌과 주목받고자 하는 욕구를 강화시키기도 한다. 아이들이 울고 떼를 쓸 때는 기본적인 필요나 정서적인 욕구를 채워 달라고 요구하는 것이다. 또한 아이들이 잠버릇과 식습관을 조절하도록 도와주어야 한다. 예를 들어, 〈돌봄을 잘 받는〉 아기의 욕구를 망가뜨리지 않고, 행동주의에 빠지지 않도록 해야 한다. 즉 행동 방식에 조건을 거는 것처럼, 외부 자극(상과 벌)을 통해 아기를 단순히 수동적이고 〈프로그램화할 수 있는〉 존재로 만들지 말아야 한다. 약 24개월부터 주로 돌보는 사람과의 신뢰 관계(이런 관계는 바로 아이의 기본적인 필요를 채워 주는 결과로 이루어진다)를 강화하며 아이는 순종할 능력이 생기기 때문에, 행동에 따른 결과를 자연스럽게 발견하도록 가르쳐야 한다. 아이들은 우리가 사는 세상에서 가장 중요한 법칙을 이해해야 한다. 그것은 바로 우리에게는 원하는 대로 할 자유가 있지만, 자신의 행동이 일으킨 결과에 대해서는 자유롭지 못하다는 법칙이다. 이 세상은 우리가 원하는 대로 움직이지 않는다. 예를 들어, 아이가 성질을 부리는 것은 두 살 이후부터 이해력이 생겨나면서 나타나는 좌절의 결과다. 즉, 〈세상은 내가 원하는 대로 되지 않는데, 내 뜻대로 하려다 보니 화가 난다〉는 뜻이다. 만일 우리가 아이가 하고 싶은 것을 그대로 다 들어준다면, 아이에게 거짓 소망만을 심어 주는 셈이다. 하지만 아이가 원하는 대로 다 들어주지 않으면, 행동에는 그에 따른 결과가 따른다는 것을 분명하게 보여 주는 것이기 때문에, 어른들도 아이의 변덕에 따라 행동하지 않게 된다. 그렇게 우리는 아이들이 상황을 이해하게 하고 현실을 재발견하도록 돕는다. 우리가 그 책임을 빨리 지면 질수록, 아이가 막무가내로 행동함으로써 생기는 고통을 덜 받게 된다. 그리고 아이 자신도 다른 사람들과 함께 살아가기 시작할 때, 좌절감을 덜 느끼게 된다.

이 세상에는 나름의 법칙이 있다. 태양은 불타오르는 존재인데, 우리가 스스로를 보호하지 않으면 우리가 원하든 말든 태양은 우리를 불태워 버릴 것이다. 가정마다 나름의 규칙과 행동 방식이 있다. 엄마가 햇살이 내리쬐는 날에 공원에 가려면 모자를 써야 한다고 할 때, 아이가 모자를 쓰기 싫다고 하면 공원에 가지 말아야 한다. 규칙은 강요나 체벌, 협박의 결과가 아니라 아이가 한 행동의 자연스러운 결과임을 아이 스스로 이해하고 받아드리도록 해주어야 한다. 물론 우리가 기쁜 마음으로 그렇게 실천하고 아빠와 엄마가 같은 의견을 전해 주는 것이 훨씬 더 좋다. 그렇게 하면 아이는 부모님을 믿고 한계를 시험해 보려는 놀이 따위는 시도조차 하지 않게 될 것이다. 하지만 오늘날 부모 입장에서는 시간이 부족하기 때문에 그렇게 실천하기가 쉽지 않은 것이 사실이다. 그렇지만 아이가 성질을 부리는 것을 잘 해결하기 위해서는 그만큼의 시간이 필요하다. 교육에는 꼭 시간이 필요하다. 하지만 우리는 정작 아이 교육에 시간을 내는 데 너무 인색하다.

앞에서 우리는 아이가 지식의 씨앗을 찾아내면, 그것이 아이를 배움으로 이끈다고 했다. 아리스토텔레스의 말에 따르면, 아이는 미덕에 끌리고 그것을 발견하도록 타고난다. 소비주의 때문에 느낌이 포화 상태가 되어 감사하는 마음을 느끼지 못하는 아이는 경이감과 더 나은 성과를 얻기 위해 노력하고 극복하는 능력을 잃어버린 셈이다. 지식의 씨앗을 못 쓰게 만드는 소비주의와 무절제는 아이의 마음을 미덕으로부터 멀어지게 한다. 아리스토텔레스는 올곧은 교육에는 가치 있는 기쁨과 그만큼 가치 있는 고통이 함께하기 때문에, 어릴 때부터 아이들에게 그것을 가르쳐야 한다고 했다.[46] 지식의 좀 더 높은 형태인 발명은 아이들에게서 자연스럽게 나타난다. 나중에 다시 살펴보겠지만, 아이들은 자연스럽게 진리와 선, 아름다움으로 향해 가기 때문이다. 하지만 오늘날 혼돈과 소음, 감각의 포화, 그리고 통제와 훈련의 부족으로 인해 아이들에게 발명과 발견이 제대로 일어나지 않고 있다는 것 또한 분명한 사실이다. 좋은 것을 얻으려면 반드시 노력이 필요하다. 세르반테스는 〈미덕으로 난 길은 너무 좁은 반면, 악덕의 길은 아주 넓다〉라고 말했다. 아무런 제약 없이 자란 아이는 최고의 것을 얻을 수 없다. 가장 좋은 것을 얻기 위해서는 희생과 노력이 따르기 마련인데, 버릇없이 오냐오냐하며 키운 아이에게는 의지도 부족할 뿐더러 노력의 지속 시간도 아주 짧을 것이기 때문이다.

8
자연

아이들이 경이감을 느끼는 첫 번째 창문은 바로 자연이고, 이 창문이 아이들이 잃어버린 경이감을 되찾도록 도와줄 수 있다.

얼마 전, 우리는 작은 정원에 토마토와 딸기 모종을 심었다. 열 송이 정도 꽃이 피어 있는 상태였다. 우리는 아이들과 함께 먼저 햇빛과 그늘이 고루 잘 드는 장소를 선택했고, 흙을 준비해 뿌리를 심은 다음 물을 주었다. 다음 날이 되자, 네 살배기 아들이 쪼르르 달려와서는 심각한 얼굴을 하고 내게 이렇게 말했다. 「엄마, 열매가 나지 않나 봐요, 토마토가 없어요, 딸기도 없고.」

「토마토는 조금씩, 아주 조금씩 자란단다.」 나는 아이에게 설명해 주었다.

「저처럼요?」

「그래, 너처럼.」 아이에게 대답했다.

「아, 엄마, 그러면 아주 오래 걸리겠네요.」

「뭐 그렇다고 그렇게 아주 오래 걸리지는 않겠지만, 꼭 기다려야 해.」

그러자 아이는 나에게 환한 웃음으로 대답했다.

오늘날 아이들은 뭔가를 원해 보고 노력하기도 전에 모든 것을 받는 데 익숙해져 있다. 오늘날 아이들이 자연 주기를 따르는 것은 임신 기간 말고는 없다. 아이를 빨리 보고 싶다고 해서 빨리 낳게 할 수는 없는 노릇이다. 달팽이가 제 몸을 끌고 가는 것을 바라보고, 꽃이 피는 것과 빗방울이 지네의 털 위에서 굴러떨어지는 것을 관찰하며, 식물에서 싹이 돋아나는 것을 보며 물을 주고, 감사한 마음으로 버섯을 따보고 새에게 모이를 주는 등 인내심을 가지고 경이감을 품는 것이 정말 중요하다. 어린이들은 간간이 고개를 들어 하늘을 바라보는 법을 배워야 한다. 어린 시절 우리가 다리와 귀를 간질이며 〈자극하는〉 풀밭에 누워 공룡과 토끼 모양의 구름을 보며 상상의 나래를 펼쳤던 것처럼 말이다. 오늘날 아이들은 우리가 어렸을 때처럼 나무에 오르고 무성한 수풀 뒤에 숨을 수 있는 숲으로 돌아가야 한다. 우리는 아이들이 달리고 뛰며, 발견하고 상상하게 할 수 있는 열린 자연의 공간을 찾아봐야 한다. 해가 나는 날뿐만 아니라 비 오는 날에도 생태계에 사는 생물들과 채소, 여러 색깔,

냄새는 우리에게 전혀 다른 모습을 보여 준다.

하지만 우리는 자연이 아이들에게 안전하지 않다고 생각하는 것 같다. 아이들이 나무에서 떨어질까 봐 두렵고 새 옷이 더럽혀지는 게 싫고, 가시덤불에 찔릴 것 같고, 꽃을 만지면 알레르기가 생길지 모르고, 비를 맞으면서 걸으면 감기에 걸릴 수 있고⋯⋯. 부모들의 온갖 근심 걱정 때문에 아이들은 좀처럼 이런 일들을 경험하지 못한다. 때때로 부모들이 자연을 두려움을 느끼게 하는 존재로 본다는 것은 참 신기한 일이다. 그리고 이 두려움은 곧장 자녀들에게 흘러간다. 예를 들어 보자. 요즘 아이들은 왜 빗방울이 떨어지면 화들짝 놀라서 피해 달아나기에만 바쁜가? 왜 몸이 젖는 것과 추운 것을 두려워하는가? 그건 아이들이 겨울에 밖에서 놀면 꼭 감기에 걸린다는 잘못된 통념 때문이다. 아인슈타인은 〈작은 원자를 깨는 것보다 편견을 깨는 것이 훨씬 더 어렵다〉라고 말했다. 그럼에도 많은 사람은 그 반대가 진실이라고 믿고 있다. 미국 소아 학회에서는 독감이나 감기의 원인이 추위가 아니라고 분명히 밝힌 바 있다. 물론 감기나 독감이 겨울철에 아이들에게 나타나는 좀 더 흔한 증상이긴 하다. 하지만 그 이유는 어린이들이 교실 밖으로 나가지 않고 환기도 덜하게 되며, 외부와 접촉하기보다는 아이들끼리만 서로 접촉하다 보니 서로에게 바이러스를 옮기기가 훨씬 더 쉽기 때문이다.[47]

감기나 독감과 싸우는 방법은 장화를 신고 웅덩이를 밟아 보고 자유로운 공기를 마시며 뛰어놀게 하는 것이다. 그럼으로써 아이들은 좌절과 어려움에 대한 저항력을 키우게 된다. 물론 스웨터를 입고 외투나 우비를 꼭 걸치게 해야 한다. 북유럽의 대부분 국가 아이들은 영하 20도의 날씨에도 마당에 나가 논다. 보통 우리는 비 오는 날에는 아이들을 텔레비전을 보게 하거나 우리 안에 갇힌 사자들처럼 집이나 교실에 가둬 두는 것 말고는 좋은 방법이 없다고 생각하는데, 그들의 예는 비 오는 날에도 좋은 계획을 세울 수 있다는 것을 보여 주는 반가운 소식이다.

아이들에게는 자연 친화력이 있다. 지구 환경 문제의 창시자인 레이철 카슨은 일리 있는 이유를 제시한다. 자연이 우리에게 주는 놀라운 것들 대부분은 작은 것들인데, 아이들도 작기 때문에 그들과 친하게 지낸다는 것이다. 그는 이렇게 말한다. 〈아이들은 작고 우리보다 땅에 가까이 있기 때문에, 작은 것들을 더 잘 이해하고 즐기며 주목하는지도 모른다. 그래서 아이들에게는 우리가 서두르며 자세히 들여다보지 않고, 그렇게 지나쳐서 자주 잃어버리는 아름다움을 발견하는 것이 쉬운 건지도 모르겠다. 확대경으로 눈송이를 본 사람은 알겠지만, 자연에서 가장 멋진 것들은 아주 작다.〉

자연은 아이가 식물과 곤충을 바라보고 흙과 물을 가지고 노는 동안 오래 집중할 수 있는 능력을 키워 준다. 최근의 연구 결과에 따르면, 자연에서 하는 놀이는 어린이의 주의력 결핍

증상을 완화시켜 준다. 자연은 아이들이 순수한 상태로 현실과 만날 수 있게 해주며, 아이들에게 모든 일은 즉시 되는 것은 아니라는 교훈과 더불어 좋고 아름다운 것에는 시간이 필요하다는 진리를 가르쳐 준다. 또한 자연은 아이가 충동과 힘, 인내를 조절하게 해주며, 나중에 더 많이 가지려면 지금은 적게 가져야 한다는 것을 통해 참을성을 키우도록 도와준다. 모든 아이와 청소년들은 조금 참고 많이 얻고 싶다는 생각을 하는데, 자연은 이 유혹에 넘어가지 않는 능력을 길러 준다.

또한 자연은 우리 자녀들이 이 세상의 자연 법칙을 배울 수 있는 첫 번째 학교이다. MIT의 혁신 환경 분야 교수이자 과학 기술의 인간화에 기여하여 세계적으로 유명해진 우디 플라워스 교수는 로봇들은 자연의 규칙을 정확히 잘 따르는데, 이런 로봇이 기대에 부응하지 못하고 실패하는 이유는 그것을 만든 사람이 자연의 규칙을 고려하지 않았기 때문이라고 했다. 자연은 공평한 재판관처럼 우리가 과학 기술적인 일을 잘 맞춰 가도록 피드백을 준다. 이런 공평한 재판관과 같은 자연에 귀를 기울이는 학생들은 자연의 진리에 근거해 자존감을 기르게 되는데, 우리는 이것을 〈건강한〉 자존감이라고 부른다.[48] 자연은 자녀들의 학습 과정에서 우리가 상상하는 것보다 훨씬 더 중요한 역할을 한다.

9
아이의 속도를 존중하라

우리의 눈으로 보면 아이들은 달팽이처럼 느리다. 옷 입는 것도, 말을 듣는 것도, 이해하는 것도(엄마가 수백 번 얘기했잖아!), 먹는 것도, 심지어 걷는 것까지 다 느리다. 아이들의 시간은 어른들의 속도로 흐르지 않는다.

「엄마, 제가 차 타고 온 시간에는 원래 어디에 있어야 했던 거예요?」네 살 난 엘리사가 엄마에게 물었다.

「엘리사, 그게 무슨 말이니?」

「우리가 집에 늦게 도착할 텐데, 집에 가면 엄마가 저에게 숙제하고 있었어야 했는데 하실 거잖아요. 그래서 제가 숙제를 하고 있으면, 또 목욕하고 있었어야지 하실 거고요. 제가 목욕을 하고 나오면, 밥을 먹었어야지 하실 거고요. 저녁을 먹을 때는 잠자고 있어야 할 시간이라고 하시겠죠. 그러니까 도대체 제가 어디에 있어야 하는 거죠?」

빠름과 느림은 아주 주관적인 개념이다. 과연 아이는 무엇과 비교해서 느린 것인가? 우리의 속도와 비교하니까 느리게 보이는 것이다. 아이들은 현재의 순간을 즐기며 살아가는 반면, 우리는 〈미래〉를 사는 경향이 있고, 매일 어디를 향해 가야 하는지도 잘 모른 채 목표만을 향해 달려가고 있기 때문이다.

「정말 지지리 운도 없네. 꼼짝도 못 하겠어, 도저히 믿을 수가 없다니까.」아빠는 수영장과 테니스장, 탁구장이 있는 경관도 멋지고 서비스며 음식까지 최고인 별 다섯 개짜리 고급 호텔에서 주말을 보내기 위해 길게 늘어선 차들의 행렬을 보며 말했다.

「이건 뭐예요?」파블로는 자동차 창문을 열고 양귀비꽃으로 꽉 찬 꽃밭을 가리키며 물었다.

「양귀비꽃이지.」

「그럼 저건요?」파블로가 또다시 물었다.

「밀밭.」아빠는 짜증을 감추지 못하며 대답했다.

집으로 돌아오는 길에 아빠는 자녀들에게 주말에 뭘 하고 싶은지 물었다. 수영장에 가고 싶은지, 탁구를 하고 싶은지, 해변을 가고 싶은지, 전망 좋은 곳에 가고 싶은지, 그 호텔에 가고 싶은지.

그러자 파블로는 〈전 밀밭이랑 양귀비꽃이 보고 싶어요〉라고 대답했다.

아이들은 현재를 아주 진하게 살아간다. 뭔가 의무를 다하기 위해 사는 것도 아니고 정해진 시간표를 생각하지도, 다 한 일을 하나씩 지워 나가지도 않는다. 과거를 그리워하지도 않고 시간을 벌어 둔다는 개념도 이해하지 못하며, 〈아마도〉라는 삶을 살지 않는다. 그저 현재를 즐길 뿐이다. 아이들은 자신도 모르게 작가 카를로스 안드레우가 행복에 대해서 우리에게 남긴 다음과 같은 말을 정확하게 이해하고 있는 것이다. 〈행복이란 어느 순간들에 있는 것이 아니라 그 사이에 있다.〉

오늘날 우리의 피로한 삶은 운명을 모르는 강물 위로 흘러가고 있다. 마치 우리는 늘 움직이려고 하는 것만 같다. 반대로 아이들은 행복의 열쇠를 쥐고 있다. 매 순간 열정과 경이감을 가지고 현재를 살아가기 때문이다. 만일 우리가 네 살짜리 아이가 되어 본다면, 이런 사실들을 곧바로 깨닫게 될 것이다.

우리 아빠는 아직 밖이 깜깜하고 내가 깊이 잠들어 있는데도 내 어깨를 잡아 흔든다. 나는 일요일마다 할아버지 집에서 오후 늦게까지 낮잠을 자는데, 할아버지처럼 아빠가 나를 좀 더 부드럽게 깨워 주면 그 품속에서 조금 더 웅크려 있고 싶지만, 이 집에선 절대 불가능한 일이다. 아빠는 나를 침대에서 끄집어내서 아주 빠르게 옷을 입히고 〈좀 더 자율적인 아이가 되어야 해〉라는 말을 계속 반복한다. 나는 〈자율적〉이란 말이 무슨 뜻인지도 모르겠다. 아무튼 그러고 나서 남

동생과 아침을 먹는데, 엄마 아빠는 〈누가 누가 더 빨리 먹나〉 놀이에 관심이 아주 많은 것 같다. 왜냐하면 그 놀이가 엄마 아빠를 무지 기분 좋게 해주는 것 같기 때문이다. 우리가 그 놀이를 하는 동안에 엄마 아빠는 시계를 계속 들여다보는데, 그러다가 뜨거운 커피에 입술을 데고 토스트를 먹다가 목이 메는 것도 봤다. 그러고는 우리를 데리고 나가 바로 차에 태운다. 우리에겐 걸어갈 〈시간이 없기〉 때문이다. 그러고 나서 우리를 데리고 뛰어서 교실 앞까지 데려다주는데, 그건 자주 〈직장에 늦기〉 때문이다. 또는 〈이중 주차〉를 했기 때문이라고 했다. 나는 〈이중 주차〉가 뭔지 잘 모르겠다. 아무튼 아빠가 한 걸음을 걸을 때마다, 나는 세 걸음을 걸어야 한다. 내 다리는 아주 짧기 때문이다. 한번은 학교로 가던 차 안에서 오줌이 마렵다고 했더니 엄마 아빠가 몹시 화를 냈다. 왜 그러셨는지는 아직도 잘 모르겠다. 오줌 누는 게 나쁜 건가? 하지만 더 최악은 엄마가 차에 올라타기 전에 내가 열이 있다는 것을 알아챘을 때이다. 엄마 아빠는 손으로 내 이마를 짚더니 아주 오래 말없이 조용히 있었다. 하지만 나에게 약을 먹이고는 바로 학교로 데리고 갔다. 점심시간에 선생님은 엄마에게 전화하셨고, 이모가 나를 찾아와서 할머니 집에 데리고 갔다. 그제야 나는 아주 편안해졌다. 할머니는 날 아주 잘 돌봐 주시기 때문이다.

생텍쥐페리는 『어린 왕자』에서 어른인 〈그를 위로해 주어야 한다〉고 했다……. 아이들에게는 자신들만의 속도가 있다. 생물학적인 속도(먹고 자는 속도)와 지적인 속도(배우고 이해하는 속도), 사랑의 속도(포옹이 필요하거나 이야기를 들어주길 원하며, 따뜻하게 봐주길 바라는 나름의 속도) 등에서 말이다. 아이들의 속도는 우리의 속도와는 확실히 다르다. 우리가 아이들의 필요를 채워 주고 싶을 때, 아이들에게는 그것이 필요하지 않을 수도 있다. 그래서 필요할 때 잘해 주는 것뿐만 아니라, 아이에게 기본 욕구가 〈생겨날〉 때 그것을 해결하기 위해 늘 〈준비하고〉 있어야 한다. 아이들의 속도에 맞추어 조화롭게 대응하는 법을 배우기 위해서는, 자연이 우리에게 주었지만 가속화되고 가끔은 신경증적인 생활 환경에서 살아가는 동안 사라져 버린 감각을 회복해야만 한다. 그러면 아이들의 행동이 지닌 의미를 알아챌 수 있을 것이다. 분명 어느 정도 제한을 두고 발달 단계에 맞춰 아이들을 인도해 줄 필요가 있지만, 무엇보다 그전에 먼저 아이의 기본 욕구를 채워 주어야만 한다.

아이가 가진 본능적인 내면의 시계는 늘 아이가 원하는 것을 가리킨다. 그 시간표는 어른들의 시간표와 다르다. 예를 들어, 밤에 주로 아이가 잠드는 시간을 알아서 그 시간에 자게 하고, 잘 쉬고 일어나려면 몇 시간을 자야 하는지를 아는 것이 아이의 정신적, 육체적 건강을 지키는 열쇠다.[49]

최근의 한 연구는 아이들의 수면 부족이 과잉 행동과 사고

유연성 결핍, 충동 조절 장애, 행동 문제, 인지 능력 쇠퇴, 감정 조절 실패, 환경 적응 능력 부족 등과 어떤 연관 관계가 있는지 조사했다.[50] 우리는 하루 동안 했던 학습을 보강하기 위해 잠이 꼭 필요하다는 사실을 잘 알고 있다.

아이가 침대에 누워 있는 순간과 잠이 드는 순간은 다르다는 것을 알고 있어야 한다. 특히 학교와 과도한 과외 활동을 해야 하는 경우라면 더욱 그렇다. 컴퓨터 모니터와 텔레비전 화면을 지켜보는 습관이 불면증, 수면 장애 등과 어떤 연관이 있는지를 조사한 연구에서, 미국 소아 학회는 부모에게 아이의 방에서 텔레비전을 없애거나 아이의 시청 시간을 줄이라고 권한다. 내용이 비폭력적이더라도, 심지어 프로그램이 정보나 교육적 차원에서 좋은 내용을 담고 있을지라도 말이다.[51]

자녀들에게는 우리가 요구해서가 아니라 자기 몸이 요구하는 잠자는 시간이 필요하다. 또한 균형 잡힌 식사도 필요하다. 이것은 소아과 의사들이 아무리 강조해도 지나치지 않는다. 소금이 안 들어간 묽은 죽과 달지 않은 과일을 주고 공장에서 만든 빵과 과자를 줄이고 카페인은 주지 말아야 한다. 카페인은 어린아이들이 의사 처방 없이 먹을 수 있는 유일한 약물인데, 유감스럽게도 이 카페인이 들어 있는 콜라는 생일 파티 대부분이나 많은 가정의 냉장고 안에서 쉽게 찾아볼 수 있다. 우리는 자주 시간이 없다는 핑계로 아이들에게 스스럼없이 콜라를 먹인다. 우리 자녀들에게 좋은 음식이 필요하다는 것을 교육하기 위해서는 더 많은 시간과 노력을 들여야 한다.

우리 자녀들의 기본 욕구와 속도를 따르는 것은 알맞은 발전을 위해 필요한 핵심이다. 10년 이상 진행된 〈애착〉에 대한 연구 조사에서, 어렸을 때 기본 욕구(생리적, 정서적 욕구 등)가 채워졌다고 생각한 아이는 감정적으로 좀 더 안정되고 자신감도 높으며, 지식을 좀 더 조화롭고 쉽게 자기 것으로 흡수할 거라는 결과가 나왔다. 〈너는 가치 있는 존재다〉라는 메시지를 정확하게 받아들인 아이는 긍정적인 자존감을 갖게 되는데, 이것은 간접적으로 아이에게 자격이 있고 유능하다는 것을 말해주는 셈이기 때문이다.

또한 아이의 속도를 존중하는 것은 앞지르지 않고 아이의 발달 과정을 존중한다는 뜻이다. 우리는 아이들의 유년기를 단축하려는 유혹에 빠지지 말고, 아이들의 인지적, 정서적 단계를 존중하며 그들의 순수성을 보호해 주어야 한다.

10
과잉 교육: 베이비 아인슈타인의 시대

경이감을 느끼는 아이로 키우는 교육과 과잉 교육은 함께할 수 없다. 과잉 교육은 〈슈퍼 차일드〉로 만들기 위해 남들보다 인지적, 정서적 단계를 앞서 나가려는 강박증이다. 아이의 삶의 목표 기준들이 릴레이 경주 인증서로 바뀌는 것이다.

어느 날, 내 아들은 같은 반 친구의 생일 파티에 초대를 받았다. 그리고 나는 그곳에 따라가서 믿을 수 없는 광경을 목격했다. 그 집 부모가 여덟 살 난 아이들을 대상으로 화학 실험을 한다고 대학 교수를 초청한 것이다. 생일에 흔하던 어릿광대는 이미 지난 유행이 되어 버렸다.

우리 자녀들을 전문적인 사람이 되도록 준비시키기 위해서 어디까지 해야 할까? 얼마나 많은 부모가 자녀들을 아인슈타인 같은 천재 과학자나 메시와 같은 세계적인 운동선수로 만들고 싶어 안달하는 위험한 유혹에 빠져 있을까? 수많은 과외 활동과 학습지, 피아노, 중국어, 테니스……. 어떤 부모들은 아이가 고개만 가누기 시작해도 아동 학습 교재와 장난감을 만드는 회사인 〈베이비 아인슈타인〉에서 나오는 졸음을 유도하는 그림책 시리즈를 살펴본다. 이 회사의 제품은 전 세계적으로 유명한데, 많은 사람이 〈어린이 발달에 유익〉하다고 여기기 때문이다. 내가 〈베이비 아인슈타인〉 측에 제품에 대한 교육적 효과를 검사해 달라고 요청했지만, 결국 그들은 해주지 못했다. 또한 몇몇 단체에서는 어릴 때부터 텔레비전에 노출된 아이들에게 나타날 수 있는 부정적인 효과들과 관련된 연구 결과를 바탕으로 이 회사를 위협했는데, 그 결과 제품에 만족하지 못한 모든 부모에게 제품 신청을 취소하고 환불까지 해주었다. 그럼에도 불구하고, 여전히 우리는 많은 유치원에서 교육을 목적으로 한 〈베이비 아인슈타인〉 제품들을 자주 접하게 된다.

아이에게 더 많은 자극을 더 빨리 준다고 해서 더 좋은 결과를 얻는 것은 아니다. 전문가들 대부분은 읽기와 쓰기 등의 학습을 정식으로 시작할 수 있는 지적 성숙이 여섯 살 때부터 시작된다는 데 의견을 모은다. 이전 단계들을 거치지 않고 뛰어넘는 것은 아이에게 좌절감을 심어 주는 결과를 낳고, 이것은 결국 아이의 자존감에 영향을 끼치며, 이런 실패의 연속은 미래의 학습 발달에 영향을 준다. 예를 들어, 스페인의 아이들은 과제를 하는 데 핀란드 아이들보다 4배 이상의 시간을 들인다.

이것은 선생님이 가르치는 시간보다 26퍼센트의 시간을 더 쓰는 셈이다. 카탈루냐에서는 세 살 아이들의 98퍼센트가 유치원 종일반을 다니는데, 핀란드에서는 6세 아이들의 53퍼센트만 종일반에 다닌다. 스페인에서는 세 살이 되면 읽고 쓰는 법을 배우기 시작하지만, 핀란드에서는 일곱 살에 시작한다. 최근 국제 학업 성취도 평가에서 핀란드는 상위권에 든 반면, 스페인은 하위권에 있었다. 상위권에 오른 나라 대부분에서는 교육을 더 늦게 시작하는 경향이 있다. 보통 예닐곱 살에 읽기와 쓰기를 시작한다. 스페인은 세 번째로 많이 아이들에게 정신 약물을 처방하는 나라다. 이 예 하나만 봐도 더 많은 자극이 더 좋은 결과를 낳는 것은 아니라는 것을 알 수 있다.

유년기는 놀이를 하면서 생각하는 것을 배우고 준비하며 뇌를 구성하는 시기다. 그러면 아이가 나중에 이 안에 여러 가지를 배치하게 될 것이다. 따라서 부모들은 아이가 세 살 때 이름을 못 쓰고 네 살 때 글을 읽지 못한다고 걱정할 필요가 전혀 없다. 아인슈타인도 여덟 살이 되어서야 읽고 쓰는 것을 배우기 시작했다. 언젠가 에디슨이 아인슈타인에게 소리의 속도에 대해서 질문하자 그는 이렇게 대답했다.

모릅니다. 저는 모든 설명서에서 발견할 수 있는 자료들을 머리에 담지 않으려고 노력합니다. 교육은 자료들을 과도하게 채워 넣는 게 아니라, 자신의 방법대로 생각하기 위한 머리를 준비하는 것입니다. 그래야 책에 나오지 않은 것들을 알 수 있으니까요.

하지만 우리는 아이들을 천재로 만들기 위해서는 더 많은 자극을 계속 쏟아부어야 한다는 패러다임을 여전히 계속 따르고 있다.

한 선생님이 몇몇 부모에게 이렇게 말했다. 「따님은 그림을 좀 더 제대로 그려야 합니다. 네 살배기들은 아직 날아다니는 인물 말고 땅에 있는 것부터 차례대로 그려야 하거든요.」이 말을 들은 부모들은 어리둥절해하며 어찌할 바를 몰랐다.

피카소나 달리의 부모가 이 친절하고 호의적인 선생님의 이상한 목표 기준을 따랐다면 스페인 예술계에서는 무슨 일이 벌어졌을까? 우리가 자녀들의 높은 성취도에 집착하는 것은 유년 시절 교육 환경에서 아직 이해할 준비가 안 된 아이들을 하루 종일 음악과 언어, 수학 등 다양한 과목을 가르치는 전문가들 앞에 쭉 줄 세워 아이가 경험하는 현실들을 조각내는 것과 같다. 이와 관련해 교육자 가르시아 오스는 다음과 같이 말했다.

교과 과정의 분할은 유년 시절의 통합과도 반대된다. 아이의 정신을 지배하는 것이 모든 영역을 만들어 간다. 그 안에는 일정한 구분도 과학적 분류도 없다. 어른들이 만든 시스템이 아이들의 관심을 끌 수는 없다. 연구의 다양한 자료들이 이 세상을 조각조각으로 나누어 버리지만, 아이의 세상에는 통합된 삶과 충만함만이 존재한다.[52]

아이들의 머리가 굵어지고 일과표에 과외 활동과 엄청난 숙제, 수많은 목표가 빼곡히 들어차는 동안, 그만큼 실제 단계에 딱 맞는 유년기에 대해 생각할 시간은 없어진다. 사랑하는 사람들과 함께 놀이를 즐기고, 서두르지 않고 상상하며 스스로 무언가를 발견해 가야 하는데, 그럴 시간들이 사라지는 것이다. 아이들에게는 날아다니는 사람들을 그리고, 형제들과 들판에서 뛰어다니며 나비를 잡고 야생화를 보며 기상천외한 모험과 비밀 여행을 상상하는 것이 필요하다. 하지만 오늘날 유치원 아이에게 필요한 것은 그저 가정 교사와 집 식탁에 앉아 『방학 생활』의 빈칸을 채우면서 7월을 보내는 것뿐이다.

단계를 서둘러 앞서 나가는 일은 정서적인 환경에서도 일어난다. 부모들은 자녀들이 뒤처질까 봐 겁을 내고, 엉뚱한 것을 포함한 모든 과잉 교육 기술들이 유년 시절부터 성인이 될 때까지의 발전 단계를 가속화시키는 데 중요하다고 착각한다.

얼마 전, 유치원에 다니는 꼬맹이들이 〈두려움의 박물관〉에 갔다는 소식을 들었다. 과연 그곳에 간 목적이 뭐였을까? 이유인즉 심리적인 성숙의 과정을 빠르게 앞당기기 위해 아이들에게 두려움을 〈억누르게〉 하는 법을 가르치기 위해서였다. 또한 이 유치원에 과묵한 부모 밑에서 자라는 아이들을 대상으로 그들이 갖는 두려움을 없애 준다는 명목으로 심리학자가 방문했다. 그리고 나서, 계속 활동이 이어졌다! 어떤 결과가 벌어졌는지는 잘 모르겠다. 얼마나 많은 아이가 울었을지, 악몽에 시달렸을지, 성숙의 수치가 어느 정도나 향상되었을지.

우리는 유년 시절이 삶의 과정을 조화롭게 하기 위해 온전하게 살아야 하는 기간이자 어른으로 향하는 하나의 단계라는 것을 잊고 사는 것 같다. 이미 신학자 로마노 과르디니는 삶의 단계를 앞지르는 것의 결과에 대해서 다음과 같이 경고했다. 〈너무 삶의 단계를 앞당기다 보면 자신만의 특성을 개발할 수 없게 될 수도 있다.〉 유년기를 제대로 보내지 못하면 성인이 되어서도 문제를 일으키게 되는데, 댄 카일리는 자신의 책 『피터 팬 신드롬 *The Peter Pan Syndrome: Men Who Have Never Grown Up*』에서 이렇게 설명했다. 피터 팬 신드롬은 유년기에서 성인으로 성장하는 과정에서 겪은 어려움에서 시작되는데, 주 원인은 아이가 유년 시절을 제대로 보내지 못했기 때문이다. 마이

클 잭슨이 이에 대한 가장 분명한 사례다. 그는 다섯 살이었던 〈잭슨 파이브〉 시절에 노래를 강요당하며 어린 시절을 뺏기고 나서는 더 이상 성장하고 싶어 하지 않았다. 결국, 그가 〈네버랜드〉라는 이름을 붙인 자신만의 세상에서 생을 마감하게 된 것도 결코 우연만은 아니다.

11

유년기의 감소

아이들은 유년기에 모든 놀라운 것들을 경험하며 살아야 한다. 즉 이 시기의 아이들에게는 상상력과 놀이, 신비감, 순수함 등이 있어야 한다. 이 시기를 그냥 뛰어넘는 것은 아이 인격을 발달시키는 본능적 메커니즘을 무시하는 것이다. 유년기는 마치 수두와 같다. 어릴 때 수두를 겪지 않으면, 커서 더 심각한 일이 벌어지게 된다. 예를 들어 〈유아증infantilism〉이란 증상이 나타나게 되는데, 어른이 되어서도 다음 이야기처럼 어린애같이 행동하게 된다.

어느 날 나는 주차장에서 아버지가 어린 아들에게 다양한 자동차 이름을 가르쳐 주고 있는 모습을 보았다. 「애야, 이차는 세아트란다. 이건 폭스바겐인데 좀 더 좋은 차지. 이건 아우디인데 폭스바겐보다 좋아. 그리고 이건 베엠베구나. 폭스바겐보다는 훨씬 더 좋지. 아, 페라리도 있는데, 이곳엔 없네. 다음에 꼭 가르쳐 줄게.」정말이지 내 눈으로 보고도 믿을 수 없는 광경이었다. 나이 먹은 어른이 얼마나 유치하게 행동하고 있던지.

또 얼마 전에는 여섯 살 난 아들이 교실에서 자동차 이름 맞추기 게임을 했다고 한다. 하지만 아이는 차 이름을 하나도 몰라서 결국 놀이에서 제외되었다. 당연히 자동차 이름을 좀 더 많이 알고 있던 아이가 이기게 되었다.

세상에는 이런 게임을 하며 놀 수 있는 더 건강하고 흥미로운 주제들이 얼마나 많은가? 여섯 살짜리 아이가 자동차 이름을 몰라서 스무 명의 아이들 앞에서 〈제외〉되는 질 낮은 교육을 하는 것이 지금 우리에게 닥친 새로운 교육의 현실이다. 또한 갈수록 〈브랜드 집단 따돌림brand bullying〉이 더 많이 나타나고 있다. 아이들은 다른 아이들이 먹는 과자부터 양말과 전자 기기에 이르기까지 다른 아이들이 가지고 있는 것과 똑같은 것들을 사는 데 많은 시간을 들이고 있다. 이런 악순환은 상표에 집착하는 현상을 낳았고, 어린이 세상이나 아이의 내면세계와 아무런 관계가 없거나 있어서는 안 되는 현실을 만들어 내고 있다.

하지만 우리가 늘 아이의 단계를 서둘러 앞당겨 가고만 있는 걸까? 늘 그렇지만은 않다. 예를 들어, 생쥐 페레스*라는 주제

* 스페인과 히스패닉 문화권에 널리 알려진 이야기로, 아이들은 뽑은 이를 두면 생

에 어떻게 접근하고 있는지 살펴보자. 최근에 이와 관련해 다음과 같은 조언들이 아주 많이 늘어났다.

아이가 이성적인 생각을 할 시기가 되면, 부모들이 생쥐 페레스나 산타클로스와 같은 것들이 존재하지 않는다는 사실을 먼저 말해 주어야 한다. 말해 주지 않아서 부모가 아닌 다른 곳을 통해 알게 되면, 부모들은 아이들의 모든 신뢰를 잃게 될 것이다.

부모들은 이런 의견들 앞에서 어떻게 해야 할지 몰라 미루고 우왕좌왕하다가 결국은 이런 의견들이 경고한 실수를 저지르게 되고, 그렇게 그들은 자녀들의 신뢰를 잃게 될까 봐 겁을 먹는다.

우리는 〈유년기의 감소〉라고 불리는 이 현상을 직접 목격하고 있다. 아이들의 환상을 없애고, 신성한 단계인 유년기를 줄이면서, 아이들의 상상력을 말살하는 것은 최근에 나타난 현상이다. 예전에는 그렇지 않았다. 혹시 위의 사례처럼 될까 봐 조금이라도 걱정하는 사람들은 젖니가 빠지는 평균 연령에 대해서 알아보면 된다. 그러면 그 생쥐는 아이가 이성적으로 생각할 수 있는 나이(7세) 이전에 왔다 갈 거고, 상악 중절치, 하악 중절치, 하악 측절치 이렇게 세 개의 이를 가지고 갈 거라는 결쥐 페레스가 가지고 가면서 대신 선물을 두고 간다고 믿는다.

론을 얻을 수 있을 것이다. 열여섯 개의 젖니 중에 총 세 개의 치아가 여기에 해당한다. 하지만 생쥐 페레스에 대한 이런 슬픈 협상은 점점 생쥐 페레스가 사라지는 원인이 될 것이다. 생쥐 페레스가 없다면, 그런 전통도 사라지게 된다.

물론 이런 일로 부모들이 일곱 살 난 자녀들에게 신뢰를 잃게 될 거라는 것은 아주 비관적인 주장이다. 하지만 부모와 자녀 간의 신뢰는 비밀을 〈발설하지〉 않아서 생기는 게 아니라, 서로에 대한 신뢰의 끈이 그 토대가 되는 것이다. 실제로 아이들은 학교에서 친구가 비밀을 〈발설〉하면, 바로 집으로 달려와서 부모님에게 〈그 비밀이 사실인지〉 물어본다. 그리고 늘 부모들에게 확인하는데, 친구보다 부모를 더 믿기 때문이다. 그러면 부모들은 아이들에게 조심스럽게 사실을 설명해 주고, 또 다른 신비감을 향해 잘 걸어갈 수 있도록 도와주면서, 다른 사람들이 모르는 친구와 형제들의 비밀은 잘 지켜 주었으면 좋겠다고 말해 줄 것이다. 그렇게 부모에게 품고 있던 신뢰는 생쥐 페레스에게까지 이어질 것이다. 아이가 믿는 것은 생쥐 페레스가 아니라 부모다.

아이마다 성숙의 과정이 다르고, 나이에 따라 정해진 법칙이 있는 것은 아니다. 아이가 신비감을 받아들이고 깨닫게 되면, 부모들은 이 모든 것이 원래는 존재하지 않는다고 말해 주게 되는데, 이것은 마치 잘 날아가고 있는 원격 조종 공을 터뜨리는 것과 같다. 즉, 바로 자유 낙하를 하게 되는 것이다. 반대로 동방 박사의 날에 동방 박사가 모든 집에 보낼 선물들이 택배 차량 안에 가득 들어 있다는 것을 아이 스스로 깨닫는 순간이 오기도 한다. 만일 자녀가 이런 사실을 깨닫고 이성과 신비감 사이에서 스스로 조절하려고 진통을 겪고 있는 모습을 보게 되면 이렇게 해줄 수 있다. 부모가 자녀에게 아주 오래전 베들레헴에서 태어난 아기 예수님께 동방 박사들이 선물을 드린 아름다운 순간을 떠올리게 하면서, 자신들이 동방 박사들의 도우미로서 그렇게 했다는 것을 차분하게 설명해 주면, 그 진통은 쉽게 가라앉을 수 있다. 이 예민한 순간을 위한 가장 좋은 준비는 바로 그 순간이 다가오길 기다리는 것이다.

아인슈타인은 〈직관적 사고는 거룩한 신의 선물이고, 이성적 사고는 충실한 종이다. 하지만 우리는 종은 떠받들면서 정작 선물은 잊고 사는 사회를 만들어 버렸다〉라고 했다. 오늘날에는 아이들에게 가능한 한 빨리 많은 것을 주입하기 위해 그들의 상상력과 경이감, 창의력을 죽인다. 그리고 아이의 본성을 거슬러 강요하는 이성적인 태도는, 차갑고 냉소적이며 계산적인 사회의 전형적인 특징이다. 확실한 것은 이 모두가 경이감과 반대되는 특징이라는 것이다.

우리는 아이들을 우리 기준에 맞춘다. 왜 그러는 걸까? 한편으로, 마케팅 영역에서 바라보는 자녀와 부모의 이미지는 갈수록 반론의 여지없이 분명해지고 있다. 그들은 어린이를 작은 어른으로 보고 있다. 오늘날 아이들은 스스럼없이 냉소적인 포즈를 취하며 잡지 표지나 광고 모델로 등장한다. 여자 어린이들에게는 스스로 이해도 못 할 섹시 포즈를 가르치고, 나이에 전혀 어울리지 않는 옷을 입힌다. 많은 아이가 욕망의 대상, 즉 〈진열장 트로피 같은 아이〉로 변하고 있는 것 같다. 또 한편, 경쟁적이고 끈덕지게 조르는 세상의 압박과 자녀들을 성공시키고 싶은 모든 부모의 욕망 때문에 아이의 성숙 과정과 내부 질서에 맞지 않다는 것은 전혀 신경 쓰지 않고, 가능한 한 빨리 수많은 행동과 지식을 자녀들에게 주입하고 있다.

결국, 오늘날에는 아이 안에 어른 세상의 특징들을 새겨 넣으려 하면서 이전 단계들을 무시하고 파괴하는 원인 불명의 열정만이 존재할 뿐이다. 입는 것과 먹는 것, 즐겁게 보내는 것, 말하는 것, 걷는 것 등 모두 다 그렇다. 우리는 아이들을 유년 시절의 정원에서 내쫓고 있는 셈이다. 그렇게 아이들은 갈수록 더 빨리 작은 어른으로 변해 가고 있다. 아이 앞에서 우리는 행동과 대화의 품위를 잃고 아이들이 보지 말아야 할 것을 보게 놔둔다. 또한 아이들이 놀라운 것을 봤을 때 두려워하거나 혐오스러운 것을 대할 때 불쾌해하지 못하게 막고, 그저 어른스럽기만을 바라며 아이가 이해하지도 못하는 것들을 잔뜩 요구하고 있다. 단언컨대, 어린이는 작고 미성숙한 어른이 아니다. 아이가 되는 것을 포기하기 전까지 아이는 여전히 아이이고 그렇게 계속 아이로 남을 것이다.

12
침묵

  신경 과학에 따르면, 한 번에 많은 일을 할 때 우리는 하나씩 차례대로 모든 일을 하게 되는 게 아니라 이 일과 저 일 사이에서 재빨리 왔다 갔다 하는 것일 뿐이다. 운전하면서 스마트폰을 사용하지 말라고 하는 이유는 바로 이 때문이다. 또한 거실에 텔레비전을 계속 틀어 놓으면 거기에서 장난감을 가지고 노는 아이들의 놀이에 방해가 되거나[53] 부모와 아이들 사이의 교감에 부정적인 영향을 미칠 수 있다는 연구 결과도 있는데,[54] 이유는 앞서 설명한 것과 다르지 않다. 다양한 곳에서 흘러나오는 과도한 자극을 받게 되면, 우리는 그걸 다 잘 받아들이지 못하고 오히려 주의를 모든 것에 분산하게 된다. 결과적으로 엘리사가 숙제를 할 때 컴퓨터 화면에 좋아하는 소셜 네트워크 사이트를 띄워 놓고 이메일 창을 쳐다보거나 음악을 들으며 간간이 스마트폰을 들여다보면, 아이는 더 똑똑해지는 게 아니라 반대로 모든 활동 하나하나에 다 신경 쓰느라 집중력이 분산되고 줄어들게 된다. 즉, 제대로 하는 일은 아무것도 없고, 그저 외부의 소음을 수동적으로 받아들이면서, 깊이 생각하지 않고 급하게 일을 처리하고 있는 셈이다.

그 결과, 엘리사는 여느 사춘기 또래들처럼 집중력이 부족할 뿐만 아니라, 현재 이 순간을 즐기거나 다른 사람의 필요를 알아채고 이해하는 능력이 떨어지며, 엄마가 미소 짓는 순간이나 아름다운 일몰 또는 창가에 앉은 새의 재잘거림과 같은 덜 시끄러운 자극이나 침묵에 별로 마음을 움직이지 않게 된다. 엘리사는 자기 주변에 있는 것들을 보기는 하지만, 차분히 주의해서 바라보지 않는다. 그저 정보를 수동적으로 받아들일 뿐 그것을 기대하거나 적극적으로 수용하지 않는다. 지속적인 소음은 본연의 내면성을 갖지 못하게 한다. 왜냐하면 혼자 있는 것을 견디지 못하고 계속해서 뭔가가 빈 듯한 느낌을 메우기 위해 떠들썩한 소리와 새로운 감각을 찾아 나서기 때문이다. 따라서 엘리사는 주변에서 벌어지는 이런 일들에 지배당하게 될 것이다. 엘리사가 선생님께 동기 부여를 해달라고 호소하는 까닭은 그녀가 자기 삶의 주인공이 아니라 방관자가 되었기 때문이다.

수많은 자극과 외부 소음은 아이의 경이감을 질식시킨다. 경이감은 아이들이 아동기와 이후 청소년기에 학습 과정을 자기 것으로 받아들이고 지식을 깊이 연구하며, 듣고 선택하며 다른 사람의 필요에 귀를 기울이고 관심을 갖는 데 반드시 필요하다. 이것은 자기 행동의 결과를 생각하며 주어진 일에 대한 의미를 심사숙고하게 해주는 힘이 된다. 경이감을 회복하기 위해서는 아이나 청소년들이 침묵의 시간을 꼭 되찾아야 한다. 하지만 과잉 자극에 노출된 이들에게는 쉽지 않은 일이다. 따라서 어릴 때부터 아이들이 오락과 과도한 음악 등으로 본연의 속도를 존중하지 않는 곤혹스러운 환경에 처하지 않도록 부모들은 아이 주변에 침묵의 공간을 마련해 주어야 한다. 아이에게 침묵과 말, 상상, 소리의 균형을 잡을 수 있게 해주는 환경을 조성해 주는 것은 대단히 중요한 일이다. 만일 우리 자신, 즉 부모와 교사들은 침묵을 통해 순간마다 아이가 본능적으로 무엇을 필요로 하는지를 알 수 있게 된다면, 그렇게 해줄 수 있게 될 것이다.

갈수록 ADHD가 전염병처럼 돌고 있는 현실과 우리가 신기술로 인한 소음 폭격을 맞으며 기하급수적으로 늘어나는 정보들을 쉴 새 없이 받아들이고 있는 상황이 시기적으로 정확히 일치한다는 사실은 시사하는 바가 많다. 오늘날에는 새로운 과학 기술이 도입되기 전 5천 년 동안 인간이 만들어 낸 정보와 같은 양의 정보가 하루 걸러 만들어지고 있다고 한다. 하지만 이용할 수 있는 정보가 이렇게 많은데도, 우리는 아이들이 예상하는 속도만큼 빨리 배우지 않는다는 사실을 보게 된다. 로마노 과르디니는 〈알고 소유하는 지적 영역들은 셀 수 없을 지경으로 물밀 듯이 사람들에게 쏟아지고 있는 반면에 내면의 통

찰과 시선과 경험, 본질에 대한 이해, 전체적인 사고, 경험, 감정의 깊이는 얕아졌다. 왜냐하면 이 모든 것은 몰입과 정신 집중의 내적인 도전을 통해서만 얻을 수 있기 때문이다〉라고 경고했다. 그 후로 침묵은 학습 과정에서 잊힌 변수가 되었다. 다시 아인슈타인의 공식으로 돌아가 보자.

$$A(성공)=X(일)+Y(놀이)+Z(침묵)$$

침묵은 배움의 과정에서 매우 중요한 부분이고, 깊이 생각하는 데 꼭 필요한 요소로 인간을 구분 짓는 특징이기도 하다. 침묵이 없으면, 하이데거가 말했던 일이 벌어진다. 〈인간은 좀 더 본질적인 것, 즉 사유하는 존재가 되지 않으면 밖으로 내던져지게 될 것이다.〉 소음은 아이들을 귀먹게 만들 뿐만 아니라, 경이감을 느끼게 하는 것들에 의문을 품지 못하게 한다. 뭔가를 배우기 위해서는 정보를 받아들이는 데 그치지 않고, 강화하고 내면화해야만 한다. 그러기 위해서는 아인슈타인의 말처럼 〈입을 닫는〉 침묵의 공간을 가져야만 한다. 〈입을 닫는 것〉은 오늘날 21세기로 치면 전자 장치와 화면을 끄는 것과 같다.

한편 침묵과 자녀들의 순종 능력 사이에도 연관성이 있다. 여기에서 순종은 〈다른 사람이 우리에게 정당한 이유 없이 하라고〉 복종시킬 수 있는 것을 말하는 게 아니다. 나는 〈자녀들에게 명령하는 법〉이라는 제목의 강의들이 열린다는 소식을 종종 듣는다. 그 제목에는 〈밖에서 안으로 주입하는 교육〉이란 관점이 내포되어 있다. 하지만 아이가 순종할 마음이 저절로 들도록 하기 위해서는, 아이의 관점에서 두 가지 조건을 충족 시켜야 한다. 첫째, 아이에게 뭔가를 부탁하는 사람은 둘 사이에 이전부터 쌓아 온 〈신뢰 관계〉[55]를 바탕으로 한 권위를 갖고 있어야 한다. 둘째, 아이가 〈내면의 침묵을 통해 그 요청을 잘 듣는 법을 알아야〉 한다. 이 두 가지 조건이 합쳐지면, 우리는 아이들에게 무언가를 명령할 수 있게 된다. 물론 아이에게 명령하는 방법을 〈연마〉할 수도 있겠지만, 모든 것을 하기 전에 우선 이 두 가지 조건이 갖추어져 있는지 살펴야 한다. 만일 아이가 소음에 과도하게 노출되어 얼이 빠져 있다면 그것을 수행할 능력이 없기 때문에, 외부의 많은 요구를 소화하고 받아들이라고 강요하지 말아야 한다. 이 두 가지 조건이 충족되어 있지 않으면 순종하지 않는 아이에게 가해지는 모든 처벌은 오히려 역효과를 낸다. 아이는 그것을 공격으로 받아들이고 충동적인 반응을 보이게 될 것이기 때문이다.

이제까지 우리가 설명해 온 것처럼 침묵이 이렇게 중요하다면, 왜 우리는 온종일 자녀들을 화면에 노출시키는 걸까?

나는 수업에 적용할 만한 새로운 과학 기술을 다룬 잡지를 훑어보다가 네 살 이후 아이들을 위한 다음과 같은 제품 광고를 보게 되었다.

〈액티브 클래스룸〉이라는 개념에서 가장 눈에 띄는 장치 중 하나는 바로 〈액티브 테이블〉이라는 쌍방향 책상이다. 이 특별한 책상을 사면 큰 모니터 화면을 함께 제공하는데, 크기는 최소 46인치이다. 또한 개인 도서관에서 도움을 받아서 작업할 수도 있고, 키보드와 웹 브라우저 또는 수학 도구 등도 포함되어 있다. 그 밖의 구성 요소는 〈액티브 보드 500 프로〉라는 쌍방향 디지털 칠판인데, 멀티 촉감 기술 덕분에 학생들이 칠판 위에서 동시에 작업할 수 있다. 또한 통합 사운드 시스템도 갖추어져 있다. 〈액티브 익스프레션 2〉는 응답 시스템으로 선생님이 아이들에게 내준 질문에 복합적인 해답을 쓸 수 있게 해준다. 통합적인 〈쿼티〉 키보드 덕분에 복잡한 문장과 숫자, 기호, 수학 방정식, 참/거짓 등의 다양하고 복합적인 답변을 할 수 있다. 또한 불빛을 뒤에서 비추는 넓은 화면과 스마트폰과 비슷한 디자인 덕분에 이해하고 나서 바로 사용하기 쉽다. 〈액티브 인게이지〉의 경우에는, 학생들이 수업 시간에 열심히 참여하고 노트북과 태블릿 또는 스마트폰을 통해 실시간으로 질문에 대답할 수도 있다. 교수가 〈프로메티안 액티브 인스파이어〉라는 소프트웨어를 통해 교실 화면에 질문을 띄우면, 학생들은 자신의 컴퓨터 화면에 정답이라고 생각하는 답변을 마우스로 클릭해 대답한다.[56]

모든 학교에서 중요한 무기고라고 여기는 〈마케팅〉 투자 개념과는 별개로, 이것은 부모들에게 〈베이비 아인슈타인〉에 대한 희망과 〈최대한 일찍, 많이, 최고〉라는 잘못된 신념을 심어 준다. 그래서 부모들은 아이들이 겨우 두서너 살에 불과한데도 손에 컴퓨터 마우스를 쥐어 주지 않으면 뒤처질 것이라고 생각한다. 우리 아이들은 〈디지털 원주민〉이지, 우리처럼 〈디지털 이주민Digital Immigrants〉*이 아니다. 그들은 절대 우리처럼 뒤처지지 않는다. 새로운 과학 기술이라는 기차가 사라지지 않는 한, 그들은 어떤 기차도 놓치지 않을 것이다. 더욱이, 그 기차는 매 초마다 지나간다! 하지만 모든 속도에 맞춰 잡는다고 해도, 이 새로운 기술이라는 기차들은 500미터만 지나면 바로 쓸모없게 되어 버린다. 아이가 세 살쯤에 접하는 새로운 과학 기술의 대부분은 그들이 중고등학교와 대학교, 혹은 직장 생활을 할 때쯤이면 존재하지도 않을 가능성이 매우 높다. 그래서 세 살배기 아이들이 이 모든 새로운 기술에 일찍감치 익숙해지도록 애쓰는 것은 시간 낭비처럼 보인다. 벽돌 크기의 초기 모토롤라 휴대폰 사용법을 안다고 해서 우리가 지금 스마트폰 사용법을 금세 알게 되지는 않는 것과 마찬가지다. 상황이 지금처럼만 흘러간다면, 인터넷 검색법을 배우기 위해 따로 시간을 내는 것을 이상하다고 생각하게 될 것이다. 물론 이렇게 하기

---

*　미국 교육학자 마크 프렌스키가 개념화한 용어로, 디지털 환경에 익숙지 않은 세대.

위해서는 스스로 인터넷 서핑 시간을 조절하고 내용들을 알맞게 거를 줄 알며, 사생활의 개념을 잘 이해하고 있을 정도로 성숙해야 한다. 또한 현실 세계에서 실제로 사람들과 만나면서 얻는, 세상을 깨닫는 나름의 기준을 바탕으로 그 정보들을 조직화할 수 있을 만한 나이가 되어야 한다.

실제로 과학 기술 발명의 산실이자 세계 기술 경제의 중심지인 실리콘 밸리의 다국적 기술 기업의 중역들은 자녀들을 교실에서 과학 기술을 사용하지 않는 학교에 보낸다.[57] 부모들은 이베이, 구글, 애플, 야후, 휴렛 팩커드 등에서 일하지만, 그들의 자녀들은 구글 같은 인터넷 사이트를 사용하지 않는다. 아이들은 연필과 종이로 글씨를 쓰고 학교 선생님들은 전통적인 칠판을 사용한다. 모든 학교에는 전자 칠판이 없고, 집에서 사용하는 것도 권하지 않는다. 무슨 근거로 이렇게 하는 것일까? 컴퓨터가 비판적인 사고를 방해하고 인간성을 제거하며, 인간적인 교류를 없애고 학생들의 집중 시간을 줄인다고 여기기 때문이다. 이공계를 졸업하고 구글 커뮤니케이션 부서에서 임원으로 일하는 이글은 학부모로서 다음과 같이 말한다.

지금 초등학교 5학년인 제 딸은 구글을 사용할 줄 모릅니다. 중학교 3학년인 아들도 이제야 배우기 시작했어요. 과학 기술은 배워야 할 알맞은 시간과 장소가 있습니다. 그것들을 배우는 건 아주 쉽습니다. 치약 짜는 방법만큼이나 쉽죠. 구글을 포함한 모든 사이트는 과학 기술을 누구나 사용할 수 있도록 아주 쉽게 만들어졌습니다. 어른이 되어 배운다고 해서 못 배울 이유가 하등 없어요.

우리는 매우 조심해야 한다. 새로운 과학 기술의 좋은 면만을 보려고 하면서(이런 시각을 가진 사람들은 유년 시절에 과학 기술 사용 시기를 늦추려는 시도를 거의 이해하지 못한다), 아이 스스로 의문을 품고 흥미를 느끼며 상상하면서 무언가를 찾아가고 발명하게 하는, 한마디로 인간만이 가진 고유한 특징인 생각하는 능력을 갖게 하는 경이감을 질식시키는 이 모든 것을 말이다.

니콜라스 카가 그의 유명한 글 「구글은 우리를 바보로 만드는가?: 인터넷이 우리 뇌에 미치는 영향」에서 잘 설명하고 있는 것처럼, 외적 침묵부터 내면의 침묵까지 이어지는 활동이 바로 독서다.

방해받지 않고 지속적인 독서를 할 수 있거나 깊이 사색하는 등의 활동을 할 만한 조용한 공간에서, 우리는 자신만의 체계를 확립하고 추론과 유추를 하게 되며 자신만의 생각을 키우게 된다.[58]

아이들은 중독성 있는 가상 세계의 여러 유혹을 쫓아 헤매거나 모니터 화면 앞에 멍하게 앉아만 있기 전에 독서 습관을 더 다져야 한다. 독서를 통해 아이들은 읽은 것을 내면화하고 그 안에서 비평과 사유, 몰입, 경이감을 키운다. 책을 읽는 행위는 기차에 올라타는 것과 같다. 우리는 아이들이 이 기차에서 떨어지지 않게 해주어야 한다. 자주 오가지는 않지만, 일단 올라타기만 하면 이 기차는 아이들을 아주 멀리까지 데려다주기 때문이다.

13

틀에 박힌 일상에 생명력 불어넣기

경이감은 틀에 박힌 일상에 의미를 부여한다.

그렇다면 과연 일상이란 무엇인가? 일상이란 유용하고 조직적인 행동들이 날마다 반복되는 생활로, 때로는 일정 시간이 정해져 있거나 누군가의 관리를 받기도 한다. 또한 일상은 한 집단이나 가족에게 질서를 부여하거나, 혹은 아이에게 안정감을 주는 데 종종 필요하기도 하다. 우리가 원하든 말든 삶의 대부분은 수많은 반복 행위로 채워져 있다. 우리는 모두 아침에 일어나고 침대를 정돈하며, 옷을 입고 아침을 먹은 뒤 일터로 발길을 돌린다. 그리고 점심을 먹고 일하다가 집으로 돌아와 저녁을 먹고 쉬는 시간을 갖는다. 그렇게 또 같은 일을 반복하고 나면, 하루가 금세 지나간다.

물론 일상 자체가 나쁜 것은 아니다. 하지만 반복되는 삶은 아이가 — 물론 우리도 — 스스로 깨닫지 못하는 사이에 이성을 잃게 한다. 어떤 행동을 기계적으로 하게 되면, 스스로도 무엇을 하고 있는지 잘 알지 못하게 되고, 따라서 의미도 느끼지 못하게 된다. 또한 마음에 감정과 지성을 담지 못하기 때문에 행동하거나 배운 것을 내면화하지 못하게 된다. 셰익스피어는 습관이란 〈최고의 감정들까지도 먼지가 되게 하는 예민한 괴물〉이라고 말했다. 물론 의미가 더해진 일상은 다르다. 우리는 그것을 〈의식(儀式)〉이라고 부른다. 어린 왕자가 의식이 뭐냐고 질문하자 여우는 이렇게 답한다. 「그것은 어느 하루를 다른 날들과 다르게 만드는 거야. 또, 어느 한 시간을 다른 시간들과 다르게 만드는 거기도 해.」

왜 아이들은 겉보기에 하찮은 행동들을 반복하면서도 그렇게 만족스러워하는 걸까? 아이들은 아침에 교실에 들어가면서 매일 똑같이 유리창에 코를 대면서 아빠에게 인사를 한다. 그리고 샤워하고 난 후에는 매일 배꼽을 누르며 띠링 띠링 초인종 소리를 내면서 몸을 말린다. 또한 엄마가 차에 오르는 걸 도와주면, 마치 처음 해본다는 듯 매일 손을 잡고 〈하나, 둘, 셋!〉 하면서 올라앉는다. 그리고 자기 전에는 아빠의 턱수염을 간질이면서 매일 밤 같은 이야기를 수도 없이 들려 달라고 조른다. 아이에게는 시간이 지나가지 않는다. 아이는 삶을 누리고 있을 뿐이다.

구체적으로, 힘든 일상과 수많은 환상을 품게 하는 의식의 근본적인 차이점은 무엇일까? 의식도 분명 일상의 일부이긴 하지만 그 안에는 뭔가 다른 〈생명력〉이 들어 있다.

아이가 경이감을 느끼는 이유는 의식을 행하는 순간들이 학교 친구들과 부모 형제, 할아버지, 할머니 등 사랑하는 사람들과 연결되기 때문이다. 의식은 일상을 좀 더 생명력 있게 만들어 준다. 하는 일에 의미를 부여하고 경이감을 느끼게 하며, 주변에 벌어지는 것들에 대해 알고 싶어 하게 만든다. 여우는 다음 이야기처럼 어린 왕자에게 의식이 단조로운 삶을 경이감이 가득한 순간으로 바꾸어 준다고 설명해 주고 있다.

「내 생활은 단조로워. 나는 닭을 쫓고, 사람들은 나를 쫓고. 닭들은 모두 그게 그거고, 사람들도 모두 그게 그거고. 그래서 난 좀 지겨워. 그러나 네가 날 길들인다면 내 생활은 햇빛을 받은 듯 환해질 거야. 모든 발자국 소리와는 다르게 들릴 발자국 소리를 나는 듣게 될 거야. 다른 발자국 소리는 나를 땅속에 숨게 하지. 네 발자국 소리는 음악처럼 나를 굴 밖으로 불러낼 거야. 그리고 저기, 밀밭이 보이지? 나는 빵을 먹지 않아. 밀은 내게 아무 소용이 없어. 밀밭을 보아도 떠오르는 게 없어. 그래서 슬퍼! 그러나 네 머리칼은 금빛이야. 그래서 네가 나를 길들인다면 정말 놀라운 일이 일어날 거야. 밀은, 금빛이어서, 너를 생각나게 할 거야. 그래서 나는 밀밭에 스치는 바람 소리를 사랑하게 될 거고…….」[59]

어떤 일이나 행동을 사랑하는 사람들과 반복하는 것은 일상에 생명력을 불어넣어 주면서 일상을 의식으로 바꾸는 행위이다. 레이철 카슨은 〈아이들에게 타고난 경이감을 살아 움직이게 하기 위해서는…… 우리가 살고 있는 세상의 신비와 기쁨, 기대감을 재발견하면서 그것을 함께 나눌 수 있는 어른이 적어도 한 명은 함께해야 한다〉라고 말했다. 수년 전, 나는 한 유력 신문에서 흥미로운 연구 결과를 본 적이 있다. 바르셀로나의 여러 공원에서 가장 많이 들리는 문장들이 무엇인지를 조사한 후에 순위를 매겼더니, 가장 많이 반복되는 말은 바로 〈엄마, 이것 좀 봐!〉였다는 것이다. 물론 그다지 놀랄 만한 결과는 아니었다. 왜냐하면 아이들은 자신과 세상, 그리고 자신들을 좋아하는 사람과 삼각관계를 이루며 살고, 그러면서 배우게 되기 때문이다.

6개월 된 아기들만 잘 관찰해도 알 수 있는 사실이다. 아기는 낯선 사람이 자신에게 접근하면, 먼저 낯선 사람을 바라보고 그다음 바로 엄마를 쳐다본다. 계속해서 다시 낯선 사람을 쳐다보고 또 엄마를 바라본다. 마치 엄마에게 뭔가 허락을 구하는 것처럼. 좀 더 자라면서 아기들은 뭔가 새로운 것을 발견할 때마다 엄마나 아빠와 그것을 나누고 싶어 하고 그렇게 하나씩 배워 나간다. 물론 그러다 더 자라면 새로운 것을 봐도 별말을 하지 않겠지만, 그래도 엄마나 아빠 또는 주로 자신을 돌봐 주는 사람의 두 눈을 흘깃 쳐다볼 가능성이 높다. 아이들은 자신을 돌봐 주는 사람의 눈을 통해서 세상을 보기 때문이다.

예를 들어, 뭔가 정상적이지 않은 일이 벌어졌을 때 아이들이 가장 먼저 하는 행동은 바로 우리를 쳐다보는 것이다. 만일 이때 우리가 놀란 얼굴을 하고 있으면, 아이들도 놀란다. 그리고 우리가 불쾌한 표정을 짓고 있으면, 아이들도 불쾌해한다. 만일 우리가 웃음을 짓고 있으면, 아이는 거기에서 뭔가 즐거운 것을 발견하게 될 것이다.

아이들이 부모의 눈을 통해서 세상을 바라본다는 사실이야말로 우리가 자녀들을 교육하기 위해 알고 있어야 하고 활용할 수 있는 가장 효과적인 방법이다. 이처럼 우리가 주변의 세상을 바라보는 시선은 자녀에게 큰 영향을 미친다. 댄 시걸에 따르면, 아이들은 주변 환경에 의존하는 게 아니라, 그것을 은근히 기대하고 있다. 또한 그는 〈발달 초기에 많은 자극을 주는 것보다 더 중요한 것은 아이와 돌보는 사람의 상호 작용이다〉라고 말했다. 『하버드 에듀케이셔널 리뷰』에 실린 최신 연구 결과에 따르면, 아이의 호기심은 아이를 주로 돌보는 사람과 맺는 사회관계를 통해 펼쳐진다.[60] 테레사 수녀가 말한 다음과 같은 말도 결국 이와 같은 맥락이다. 「자녀들이 당신의 말을 듣지 않는다고 걱정하지 마세요. 아이들은 당신을 온종일 관찰하고 있답니다.」

아이들은 CD를 틀면 나오는 이야기에 감동받는 게 아니다. 우리가 시간이 없다는 핑계로 그런 것들을 사 모으긴 하지만, 결국 그것들은 상자 안에 그대로 있게 된다. 이 연구는 아이들이 많은 사람이 아주 교육적이라고 생각하는 영상을 통해 다른 언어나 말을 배우는 것이 아니라, 부모나 교사와 같은 어른이 아이와 이야기 사이에 가교 역할을 해줄 때 학습 효과를 얻게 된다는 것을 알려 준다.[61] 또한 이 연구는 〈DVD의 부작용〉에 대해서도 다루었는데, 18개월까지 DVD만 보며 학습한 아이들은 실제로 직접 대상을 보여 주며 학습을 한 아이들에 비해 학습 장애를 겪는 비중이 높다는 결과를 보고하고 있다.[62] 따라서 아이들과 그들이 발견하는 세상 사이의 중재자가 〈전자 화면〉이 아니라, 아이들을 좋아해 주는 사람이 되는 것이 무엇보다 중요하다.

14
신비감

「엄마, 생쥐 페레스는 아이의 이가 빠졌다는 걸 어떻게 알아요?」

「모르겠는데.」 엄마는 일곱 살 딸아이의 질문에 난감해하며 대답한다. 「음, 잘은 모르지만, 엄마들이 페레스에게 말해 주지 않을까?」

「그럼 엄마도 페레스에게 말해 준 적이 있어요?」 아이는 소리치듯이 물었다.

「아니, 안 했지! 엄마는 말해 준 적 없어.」

「그러면 도대체 페레스는 어떻게 알았을까요?」 아이는 계속 끈질기게 묻는다.

「잘은 모르지만, 벽 속에 페레스의 친구들이 많이 살고 있어서 그럴 때마다 전부 말해 주는 건 아닐까 싶어.」 엄마는 이 난감한 대화가 어서 끝나길 바라며 두 번째 시도를 한다.

「벽 속에는 쥐가 많이 살아요? 진짜? 그럼 방에서 혼자 자고 싶지 않아요. 엄마, 정말 무서워.」

「엄마도 잘 몰라, 그냥 엄마 생각이 그렇다는 거지. 아무리 생각해도 엄마는 잘 모르겠어. 벽 속에 쥐들이 살고 있다는 건 엄마가 꾸며 낸 얘기야. 몰라도 돼. 우리 예쁜이, 겁내지 마.」

「엄마, 그럼 도대체 페레스는 어떻게 알아요?」 아이는 포기하지 않고 끝까지 묻는다.

「너 그거 아니? 그게 바로 신비라는 거야!」 엄마는 대화가 끝나지 않자 기운이 빠져서 이 말만을 내뱉고는 얼른 저녁을 하러 주방으로 간다.

「아하! 이제 알겠어!」

아이들은 저절로 신비감의 존재를 알게 된다. 아이들은 자연스럽게 신비감에 다가가는데, 이것이 배움과 알고 싶은 욕구를 계속 살아 있게 해준다. 그럼 과연 신비감이란 무엇일까? 신비감은 이해할 수 없는 그 무엇을 말하는 게 아니다. 그것은 파고 또 파도 끝이 없는 것이다. 바닥이 나지 않고 무궁무진하다. 그래서 아이들은 신비감의 매력에 빠져드는 데, 아이들의 눈에는 이것이 무한한 기회로 보이기 때문이다. 또한 아이들이 경이감을 가지고 태어난다고 볼 때, 이 경이감이 알고 싶어 하는 욕구라면, 신비감은 아이들을 매료시키는 존재다.

하지만 반대로 어른들은 신비감을 귀찮아하고, 우리가 감당

할 수 있는 능력 범위 안으로 그것을 축소하면서 모든 것을 이성적으로 합리화하고 싶어 한다. 하지만 아이들은 신비감을 이해하는 데 별로 어려움을 겪지 않는다. 어리다는 사실이 신비감을 느끼는 데는 별로 중요하지 않다는 걸 아이들은 잘 알고 있다. 아이들은 겸손하게 경이감을 갖고 건강한 의문을 품은 채 신비감에 가까이 다가간다. 세계적 작가 알렉스 로비라는 이 의문이 천재들이 들고 있는 것 중에 가장 중요한 가방으로, 미친 사람들에게는 없는 것이라고 말했다. 아이들은 현실에 대한 자신의 판단을 별로 중요하게 여기지 않고 겸손한 마음으로 감사하며, 정직한 의도를 가지고 신비감을 향해 다가간다. 아이들의 이 놀라운 능력은 그들이 갈수록 더 큰 세상을 발견하게 해준다. 또한 신비감은 이성의 지평을 넓혀 주고 삶의 의미를 찾도록 도와준다. 노벨 물리학상 수상자 막스 플랑크는 〈과학의 진보는 근본적인 문제가 분명하게 해결되었다고 여길 때마다 또 새로운 신비를 발견하는 것에 기초한다〉고 말한 바 있다.[63] 반대로 신비감이 사라질 때까지 모든 것을 합리화하고 싶어 하는 인간은 좁은 눈으로 세상을 바라본다. 영국의 작가 체스터턴은 이렇게 말한다. 〈신비감은 우리를 건강하게 해준다. 신비감이 살아 있는 동안은 건강하게 살 수 있다. 하지만 신비감이 사라지면, 우리는 바로 죽을 운명에 처하게 된다. (……) 미친 사람은 이성을 잃어버린 사람이 아니다. 실제로 미친 사람은 이성만 빼고 모든 것을 잃어버린 사람이다. 그런 사람의

생각은 완벽하지만, 너무 좁은 원을 따라 움직인다.〉

따라서 어른들은 신비감을 향해 마음을 여는 아이들의 특성이 사라지지 않도록 신경을 쓰는 것이 매우 중요하다. 사물에 대해서 설명하면서 너무 이성적인 면만 강조하면, 즉 아이들의 기본 단계를 무시하고 무조건 앞으로 끌고 가며 모든 것에 너무 기계적으로 접근하면 신비감은 사라질 수 있다. 예를 들어, 어른들이 〈성(性)〉과 같은 삶의 아름다운 진실을 아이들에게 너무 기계적으로 자세히 설명하면, 아이들은 결국 그것을 너무 진부한 것으로 여기게 된다. 또한 우리는 어린아이들이 폭력과 포르노 같은 것들의 신비감에는 눈을 돌리지 못하게 해야 하지만, 죽음, 성, 고통 등과 같은 것들은 유년기의 단계별 속도에 맞춰 신비감의 공간을 충분히 남겨 두고 조금씩 깨닫게 해야 한다.

「엄마, 제가 죽으면 꼭 화장해 주세요. 알았죠?」
「와, 우리 딸, 대단한걸!」 엄마는 여섯 살 난 아이가 〈다 큰 어른들〉이 쓰는 단어를 사용한 것에 자랑스러워하며 대답했다.

우리는 죽음의 신비와 같은 아주 중요한 것을 유골을 담는 작은 통처럼 작게 축소해서는 안 된다. 신비감을 잃는다는 것은 우리가 밟아야 할 단계를 뛰어넘고 순수함을 잃어버린다는 의미이다.

프랑스의 철학자 장 기통은 이렇게 말했다.

아이들이 너무 빨리 진리에 대해 배우거나, 간혹 어떤 진리에 대해 잘못된 설명을 듣게 되면, 이것은 나중에 실수와 물의를 빚는 원인이 된다.

작가 헤수스 곤살레스 레케나는 터부의 긍정적인 점에 대해 이렇게 말했다.

〈터부〉는 나쁜 것이 아니다. 오히려 그것을 억누르려는 것이 잘못이다. 성에 대해서 생각해 보자. 성을 사소하고 하찮은 것으로 여기면 욕구 부족의 원인이 된다. 예를 들어, 누드비치가 그저 에로틱한 장소로만 여겨지는 것은, 옷을 벗고 있다는 상징성으로만 생각하기 때문이다. 예술에서 터부의 역할에 대해서 생각해 보자. 박물관에서는 작품들에 손을 대면 안 된다. 하지만 그렇기 때문에 동시에 형식에 대한 존중과 전례, 준수가 생기는 것이다.[64]

우리가 자녀들에게 모든 것을 설명해 주지 않으면, 다른 아이들에게 뒤처지게 될까? 우리는 큰 딜레마에 직면해 있다. 우리는 아이의 속도와 단계에 맞게 필요한 환경에 적응시키면서,

적절하지 않은 것들로부터 아이를 보호하려고 한다. 하지만 또 한편으로는 우리가 할 수 있는 한 최대로 아이의 모든 단계를 앞당기려고 한다. 〈언젠가는 그 단계를 거칠 수밖에 없다〉고 생각하기 때문이다. 이런 관점에서 보면, 신문 가판대에 놓여 있는 포르노 잡지를 비난하거나 아이들이 거실에서 나이에 맞지 않게 스마트폰으로 섹시한 포즈를 취하고 있는 모델들의 옷 광고를 쳐다보면서 시간을 보내는 것에 대해 사회적으로 토론하는 것은 쓸모없는 짓이다. 요컨대 〈언젠가는 어차피 그렇게 될 일이다〉라는 것이다. 즉 〈마지막 수업 시간이 되면 결국 알게 될 건데, 미리 바보 같은 토론을 할 필요가 있나〉 하는 것이다. 이런 체제 순응주의와 운명론자 같은 주장 때문에, 우리는 교육을 포기하고 있다. 이런 생각들 때문에 우리가 아이들의 단계를 무시하고 무조건 앞당겨서 모든 것을 다 가르쳐 주고 있는 것이다. 이렇게 아이들의 유년기를 축소하고 필요한 단계를 뛰어넘으며 가능한 한 모든 충격을 주면서 아이들 안에 있는 신비감을 죽이고 있는 셈이다. 이런 교육의 앞날은 얼마나 절망적인가!

아이들이 적합하지 않은 것들을 향해 갈 때마다 우리는 아이들의 시선을 보호해야 한다. 하지만 그것을 금기 사항을 대하듯, 또는 지나치게 엄격한 청교도들처럼 너무 부정적으로 문제를 제기해서는 안 된다. 그 자체가 부정적인 것은 아니기 때문이다. 이것은 단지 우선순위의 문제다. 예를 들어, 미국에서 어린아이들을 대상으로 텔레비전 화면이 미치는 영향에 대해 연구한 전문가인 니콜라스 크리스타키스는 화면의 부정적 효과들 중 하나가 〈대체〉 효과라고 주장했다.[65] 아이들이 화면 앞에서 잃어버린 시간은 돌봐 주는 사람과 돈독한 상호 작용을 하고, 창의적인 놀이, 독서 등 아이 발전에 좀 더 적합한 다른 활동을 해야 할 시간인 것이다.[66] 따라서 수많은 시간을 화면 앞에서 보내고 있는 아이들은 그만큼 책을 읽을 가능성이 줄어든다는 연구 결과들이 있다.[67] 여기서 우리가 찾아야 하는 양질의 대안은 좀 더 탁월하고 보다 좋으며 아름다운 것에 눈을 돌리게 하는 것이다. 우리는 좀 더 탁월한 대안을 내놓아야 하고, 그것은 분명 존재한다. 우리 주변에는 아름다운 것들이 수없이 많기 때문이다. 우리에게 경이감이 조금만 있어도 분명 그것을 쉽게 찾을 수 있다.

15

아름다움

과연 무엇이 경이감을 불러일으키는 것일까? 앞에서 우리는 아이가 사물이 〈존재하지 않을 수도 있다〉고 생각하는 동안, 〈존재한다〉는 사실을 확인하면서 경이감을 느끼게 된다고 했다. 하지만 경이감을 불러일으키는 사물의 〈존재〉 안에는 도대체 무엇이 들어 있는 것일까? 어떤 고대 철학자는 이런 사물의 〈존재〉 안에 있는 속성들을 하나하나 열거했는데, 그중 하나가 바로 〈아름다움〉이다.[68] 따라서 아이에게 경이로움을 불러일으키는 〈존재〉의 특징 중 하나가 아름다움이라고 할 수 있다.

그렇다면 아름다움이란 무엇인가? 늘 취향과 관련된 것일까? 철학자들이 말하는 아름다움은 취향과 관련된 탐미적인 것이 아니다. 이것은 〈보톡스〉로 인한 아름다움이나 유명한 누군가가 〈수정한〉 아름다움이 아니다. 또한 그저 새로운 것들을 볼 때 느끼는 순간적인 아름다움도 아니다. 이런 것들은 아름다움이라기보다는 유행에 가깝다. 조건에 따라 변하고, 선택의 자유가 있는 것이 아니기 때문이다. 또한 시간의 검증을 견디지 못하기에 진짜 아름다움이라고 보기 어렵다. 유행에 따른 아름다움은 취향에 따라 다르기 때문에, 앞에서도 〈취향은 사람마다 다르기 때문에 딱히 쓰여 있는 건 없〉다고 말했던 것이다. 유행에 따른 아름다움은 우리 문화에 뿌리 깊이 박혀 있어서 더 깊고 진실하며 오래 가는 〈진짜 아름다움〉을 자주 사그라지게 한다.

철학자들이 말하는 아름다움은 아름다움 그 자체이다. 시쳇말로 그야말로 〈진짜〉인 것이다. 철학은 이 아름다움을 〈선(善)과 진(眞)의 가시적인 표현〉이라고 정의한다. 플라톤은 〈선(善)의 힘은 미의 본질 속에 숨어 있다〉고 했다. 이 아름다움은 선과 진리에 대한 감각적, 지적 자각이다. 우리가 그 진가를 매길 줄 모른다고 해서 객관적으로 아름다움이 존재하지 않는다고 결론을 내릴 수는 없다. 예를 들어, 피타고라스는 수학 안에 아름다움이 있다고 했다. 그는 수학에 대해 잘 알고 있었기 때문에, 거기서 아름다움을 보았고, 그 진가를 매길 수 있었다. 만일 우리 중 누군가가 수학에서 아름다움을 발견하지 못한다면, 아름다움이 수학에 존재하지 않아서가 아니라, 그것을 알아보지 못하거나 진가를 매길 수 없어서이다. 좋아하는 대상에 진짜 아름다움이 들어 있는데, 우리가 구체적으로 그 주제에 대해서 모른다고 해서 실제로 그 아름다움이 존재하지 않는 것은 아니다. 우리가 진가를 바로 알아챌 수 있는 진짜 아름다움도 있다. 한 가지 예는 바로 인도 콜카타에서 헌신한 마더 테레사의 삶이다. 아마도 마더 테레사의 아름다움은 미학적인 아름다움의 개념과 연장선상에 있지는 않겠지만, 모든 사람이 그녀의 진짜 아름다움을 높게 평가한다. 그런 아름다움은 엄마의 사랑스러운 포옹과 위로, 기쁨이나 행복이 가득한 웃음, 형제 간의 우애, 갓 태어난 아기, 자연 안에 들어 있다. 진짜 아름다움은 심오한 기쁨을 맛보게 한다. 이것은 그저 느끼는 만족이나 한낮에 스치는 매력이 아니다. 철학자 호세 오르테가 이 가세트는 〈주의만 끄는 아름다움과 사랑에 빠지게 하는 아름다움은 좀처럼 일치하지 않는다〉라고 말했다.

그럼 아이에게 진짜 아름다움이란 무엇일까? 아름다움이 선과 진리에 대한 표현이라면, 아이에게 아름다움이란 본성과 내면의 질서, 속도, 순수함, 진정한 배움의 과정 등을 존중하는 모든 것이 될 것이다. 엄마의 사랑과 위로는 어머니의 미소와 사랑스러운 눈빛을 통해 아이에게 흘러간다. 아이는 자연을 관찰하면서 알맞은 속도를 찾게 된다. 또한 들판에 피어 있는 꽃들의 진짜 아름다움을 보면서 색깔을 발견하게 된다. 그리고 숲속 나뭇잎들 사이로 지나다니는 바람이 간간이 들려주는 소리를 들으며 침묵을 깨닫게 된다. 그렇기에 가상 세계가 아닌 현실 세계와 일상생활, 만물의 진리를 몸소 경험하는 것이 아이들에게는 그 무엇보다 중요하다. 예를 들어, 아이가 학교에서 손재주를 발달시키려고 일부러 만들어 낸 활동들을 할 시간은 있지만, 자기 신발 끈 묶는 법을 배울 시간이 없다는 것은 참으로 기이한 일이다(학교 대부분은 아이들에게 끈이 아닌 찍찍이가 붙어 있는 신발을 신고 오라고 시킨다). 뭔가를 배우는 배움터로 일상생활만 한 것이 없는데 말이다. 우리가 뭔가를 배우기 위해 일상의 것들에서 벗어난다면, 그것은 배움의 진짜 의미를 빠뜨리는 것이다! 또한 우리가 색인 카드와 이야기, 포키 피그와 벅스 버니가 나오는 영화 등을 통해 시장과 동물, 자연, 밭의 채소 등의 현실 세계를 아이들에게 가르치고 알려 줘야만 하는지 자문해 볼 필요가 있다. 언젠가 한 아동학 교수는 내게 다음과 같은 일화를 들려주었다.

한번은 아이들에게 토끼를 그려 보라고 했어요. 그랬더니 글쎄 모두 다 분홍색 귀가 달린 벅스 바니를 그리는 거예요. 그중 남자아이 하나만 〈진짜〉 토끼를 그렸어요. 털 달린 토끼, 그것도 아주 심하게 북슬북슬한 토끼 말이에요. 그러자 모든 아이가 그 토끼를 보고는 〈못생겼어〉라고 하면서 놀리더라고요. 가짜를 보고 아름답다고 하고, 진짜를 보고 그렇지 않다고 하다니 이상하지 않아요?

많은 아이가 무균 처리한 인공의 가짜 환경에서 교육을 받는다. 아이들은 현실을 대체할 만한 교육 자료들과 화면, 색인 카드 같은 몇 가지 보조 도구들을 통해 배운다. 앞서 말했듯이 아이가 세상과 삼자대면을 하기 위해서는 누군가가 필요하다. 너무 어린 나이부터 화면으로 그 누군가의 자리를 대신하는 것은 비인간적인 학습이다. 많은 연구 결과에 따르면, 아이들은 화면을 통해서 배우는 것이 아니라 사랑하는 사람들과 함께 발견하면서 배우게 된다. 물론 새로운 과학 기술이 나쁘다는 뜻은 아니다. 그 자체로는 나쁜 것이 아니다. 다만 나는 〈좋다, 나쁘다〉라는 단순한 의문을 제기하는 게 아니라 그것을 넘어 〈또 다른 수준〉에 대해서 말해 보자는 것이다. 정말로 그것이 필요한지 의문을 품어 보자는 것이다. 이를테면, 과연 어린아이들이 뭔가를 처음 배울 때 굳이 새로운 과학 기술을 통해서 배워야 하는지를 말이다. 아이들이 디지털 세계와 현실 세계 사이에서 혼돈을 겪을 위험은 없을까? 여섯 살 난 아이들에게 이렇게 말한 선생님도 있었다. 「오늘은 종교 수업을 할 수 없단다. 종교 과목은 디지털 화면을 보면서 하는 건데 아직 노트북이 안 왔거든.」 이런 말을 들은 아이들은 이렇게 생각할 것이다. 〈신은 화면을 켜야 있는 걸까?〉 과연 진짜 세상에 나가기 전에 디지털 세상부터 첫발을 내딛는 게 좋은 걸까? 우리는 숲속을 산책하거나 거리와 시장을 다니고, 끝까지 인내심을 갖고 신발끈을 묶으면서 그것의 가치를 재발견하게 될 것이다. 화면에 나오는 토끼만 본 아이들에게 진짜 토끼는 존재하지 않는다. 이런 가상의 세계가 아이들의 현실 세계를 지배하고 있는 것에 위험성은 전혀 없는 걸까?

한 번쯤 진짜 아름다움에 대한 중요성을 이해해 보는 것은 과잉 자극의 패러다임에 빠지지 않기 위해서 매우 중요하다. 한편 자신은 진짜 아름다움에 민감하면서도 자녀들에게만은 〈밖에서 안으로〉의 방식을 적용하고 매우 과장되게 아름다움을 전달하려는 사람들도 있다. 이들은 아이의 머릿속에 클래식 음악을 쏟아붓고, 예술 작품의 이름을 외우게 하기 위해 미친 듯이 아이들을 데리고 미술관에 들락날락하고, 순서나 배경에 대한 아무런 설명 없이 이미지를 반복해서 보여 주거나 화면에 떼 지어 나오는 풍경과 색깔 등을 보게 한다. 하지만 이 모든 것은 아이들의 나이에 알맞고 적당해야 한다. 무엇보다 아이의 경험은 일상과 가깝고 직접적이어야 한다. 이를테면, 가본 적도 없는 푸에르토리코 숲속의 온갖 나무를 모니터 앞에 앉아 배우는 아이보다 집 정원에서 떨어지는 이파리를 두 시간 동안 살펴보는 아이가 훨씬 낫다.

우리는 아이들에게 여러 개념과 사물의 이름을 가르쳐 주고 마치 지능형 기계를 대하듯 그들의 머릿속에 온갖 자료를 욱여넣을 수 있다. 그러나 경이감이 이런 지식을 향해 첫발을 내딛는 출발점이 되지 않는 한, 이러한 학습은 오래 갈 수 없을 뿐더러 무의미하기까지 하다. 경이감 없이 배우면, 아이들은 알게 된 것을 깊이 존중하지 않는다. 겸손함과 감사, 신비감, 존중의 마음을 품고 현실을 깊이 바라보게 해주는 것은 바로 경이감이기 때문이다. 이런 존중하는 태도는 아이가 교육 환경뿐만 아니라 가정생활에서도 아이와 현실의 놀라운 일들 사이에서 가교 역할을 하는 사람들을 존중하고 존경하는 태도에 반영될 수밖에 없다. 이런 영향을 생각해 보면 오늘날 우리가 가정과 교실에서 직면하고 있는 많은 문제를 설명할 수 있다. 우리는 오늘날의 문제들을 권위주의와 방임과 같은 기계론적인 지침들에서 나온 방법들로 해결할 수 있다고 잘못 생각하고 있다. 가르침에 있어 권위를 세우지 말아야 한다거나, 아무것도 요구하지 않거나 아이를 성장시키지 말자는 게 아니다. 발견하면서 느끼는 경이감을 통해 존중을 키우자는 것이다.

아이가 자기 주변에 있는 진짜 아름다움을 보고 경이감을 느끼는 것은 어느 정도 자율성을 즐기는 과정이다. 아이는 환경에 의존하기보다는 오히려 그것을 기대한다. 따라서 진짜 아름다움에 도달하게 하려고 아이를 자극할 필요는 전혀 없다. 아이는 혼자서도 충분히 진짜 아름다움에 도달할 수 있다. 아이들이나 동심을 가진 어른들은 진짜 아름다움의 넘치는 매력 앞에 자연스럽게 경이감을 느끼게 된다. 단지 접하는 환경에 진짜 아름다움이 충분해야 하는데, 가능한 범위 내에서 일상 속에서 범속하고 통속적인 것들을 걸러 내야 한다. 진짜 아름다움이란 강요하여 느끼게 할 수 있는 것이 아니다. 강요나 그 비슷한 어떤 강제적인 힘이 전혀 없이 아이의 맑은 눈으로 진짜 아름다움 속의 기쁨을 맞추어 보면서 감지하는 것이다. 몬테소리가 학생들에게 한 것처럼 아이 스스로 그것에 도달하도록 두어야 한다.

다른 한편, 환경과 만물에 깃든 아름다움은 아이를 움직이고 배의 노력을 들이게 하는데, 그 모든 것이 아주 매력적이기 때문이다. 리본으로 꾸민 장식품에 묻은 먼지를 청소하는 데 사용하는 색색의 걸레, 그림으로 장식한 빗자루, 작은 솔들은 모두 사랑스럽다. 그뿐만 아니라 비누도 둥글고 네모난 모양에 색도 분홍색과 초록색까지 다양하게 많다. 이 모든 것이 아이들의 흥미를 끌 만하기에 이렇게 말해 보았다. 「여기 와서 만져 보렴. 한번 집어 봐. 파티복같이 화려한 색색의 걸레로 여기 네모난 책상을 청소해 봐. 아름답게 장식된 빗자루를 들고 여기를 깨끗해 해보렴. 너희도 와서 귀여운 손을 비눗물에 손을 담가 보렴.」 이것이 바로 매일매일 각각의 아이가 가진 마음의 상태에 반응하면서 아이들을 자극하는 아름다움이다.[69]

아리스토텔레스도 이와 비슷한 말을 했다. 그는 우리가 미덕을 온전히 실천하기 이전에 이미 우리 안에는 미덕을 시작하려는 본능 같은 것이 있다고 확신했다. 아이들은 어른들보다 선한 것에 다가가려는 경향이 더 많은데, 그것은 아이의 의도가 정직하고 순수하기 때문이다. 따라서 특정한 행동을 반복적으로 강요하며 아이들에게 습관을 〈주입하는〉 기계주의와 행동주의 관점은 아이의 진실을 존중하지 않는 것이나 다름없다. 아이에게 어느 정도 제한선을 그어 놓는 것이 중요하긴 하지만, 동시에 아이들 안에 미덕이 이미 존재한다는 사실을 인지하면서 교육해야 한다. 아이들이 선량함의 표현과 같은 진짜 아름다움에 둘러싸이게 되면, 자신과 타인의 행복을 향하는 습관을 기르기가 훨씬 더 쉽다. 친절과 배려, 긍휼, 이해, 감사 안에는 진짜 아름다움이 존재한다. 이러한 것들에 둘러싸인 아이는 자연스럽게 아름다움에 동화하게 된다. 진정한 아름다움이 삶에 의미를 주기 때문이다. 진정한 아름다움에는 우리가 교육과 일반 생활에서 의심하거나 낭비하지 않게 하는 힘이 들어 있다.

우리는 마당 한가운데 채소밭을 가꾸었는데, 아이들은 야채와 토마토를 밟지 않았다. 참으로 놀라운 일이다. 아이들은 이런 공간을 마치 성스러운 영역이라도 되는 양 존중한다. 그 주변에서 놀아도 아주 조심스럽게 논다.

진짜 아름다움의 힘에 대해서 생각할 때면, 다음 장면이 떠오른다. 물론 많은 이유가 있겠지만, 왠지 모르게 종종 우리 집 주변에 있는 양로원에 갔을 때가 떠오른다. 이 양로원은 아주 엄격할 정도로 소박한 곳이다. 그 밖에도 뭔가가 있는데, 그것이 뭔지는 잘 설명하지 못하겠다. 왜 그것이 진짜 아름다움인지 말이다. 시골에 있는 그곳 주변에는 밀밭과 숲이 있다. 노인들은 그곳에서 밭을 가꾼다. 그곳에는 서두르거나 급한 것이 없다. 평화와 평온한 미소만 있을 뿐이다. 그곳에서 일하는 사람들은 친절하고 예의 바르다. 노인들은 화려하지 않지만, 품위가 느껴지는 양로원 유니폼을 입고 산책을 한다. 일요일에 열리는 파티에는 남자들은 넥타이에 스카프를 두르고, 여자들은 힐을 신고 머리에 장식 머리띠를 두른다. 크고 화려한 파티도 아니고 유명 인사들이 초청되는 것도 아니다. 하지만 그 작은 장식들이 공동생활을 더 따뜻하게 만들어 준다. 한편에서는 커플로 보이는 분들이 손을 잡고 조용하게 이야기를 나눈다. 얼마 전에 그들이 하는 말을 들어보니, 정부에서 이곳으로 조사관들을 보냈다고 했다. 그 이유인즉슨 그곳에 들어오고 싶어 하는 대기자 명단은 늘어나는데 이 안에 있는 사람들이 죽지 않아서라고 했다. 그 순간 나는 도스토옙스키가 했던 말이 떠올랐다. 〈인간은 과학과 빵 없이는 살 수 있지만, 아름다움 없이는 절대 살 수 없다. 아름다움이 없다면 이 세상에 있어야 하는 존재 이유도 없어지기 때문이다.〉진짜 아름다움에 대한 목마름은 우리의 본성 안에 각인되어 있다. 하지만 아이들이나 아이와 같이 여전히 경이감을 느끼는 누군가는 그것을 훨씬 더 쉽게 느끼고 찾을 수 있다. 카프카는 〈청춘은 아름다움을 보는 능력이 있기 때문에 행복하다. 이 능력을 잃어버리는 순간 고통스러운 노화와 쇠퇴, 불행이 시작된다〉라고 말했다. 어느 날 구스타프 야누흐가 카프카에게 〈그렇다면 노년이 행복할 가능성은 없는 건가?)라고 묻자, 그는 이렇게 대답했다. 「아니. 행복에는 노년기가 없는 거라네. 아름다움을 볼 줄 알면 늙지 않게 되지.」

오늘날 아이들이 진짜 아름다움에 다가가는 것을 막는 장애물 중 하나는 무감각이다. 앞서 말했듯이, 과잉 자극은 아이가 삶의 아름다운 것들을 알아채고 소중히 하는 것을 방해하고 감각의 포화 상태로 만들어 버린다. 과잉 자극은 경이감의 자리를 빼앗고 아이가 주변에 있는 진짜 아름다움을 인식하지 못하게 방해한다. 따라서 주변의 진짜 아름다움을 맛보고 깊게 생각하며, 소중히 여기는 침묵의 공간들을 갖게 하는 것이 매우 중요하다. 또한 아름다운 것에 반응하는 감각을 길러 주는 심미적 경험들은, 음악이나 친절한 행동, 그리고 자연 등을 통해서 이루어질 수 있다. 감각을 길러 주는 교육에는 아이가 알맞은 속도와 순수함 등 자신의 특성에 맞추어 살게 하고, 알맞지 않은 것들을 바라보지 않도록 시선을 보호해 주는 것 등이 포함된다. 앞서 말했듯이, 아이는 지식의 씨앗과 선함의 싹을 가지고 있다. 선과 진리는 진짜 아름다움을 통해 아이에게 오고, 아이는 경이감을 통해 이러한 미덕들과 만난다. 만일 이 과정이 아무런 장애물 없이 순조롭게 진행된다면, 아이는 미덕과 배움을 내면화하게 된다.

우리는 바로 전 내용을 요약해서 다음의 공식을 세울 수 있다.

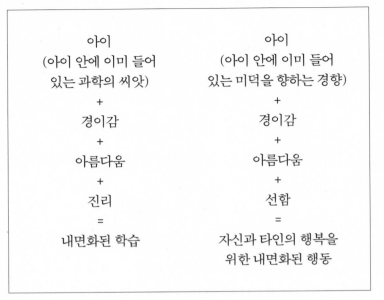

아이
(아이 안에 이미 들어
있는 과학의 씨앗)
+
경이감
+
아름다움
+
진리
=
내면화된 학습

아이
(아이 안에 이미 들어
있는 미덕을 향하는 경향)
+
경이감
+
아름다움
+
선함
=
자신과 타인의 행복을
위한 내면화된 행동

실제로 폴란드의 시인 치프리안 노르비트는 〈아름다움은 일에 열정을 품게 한다〉라고 말했다. 진짜 아름다움 안에는 해야 하는 것과 하고 싶은 것 사이에 어떤 긴장감도 없다. 왜냐하면, 진짜 아름다움은 이 두 가지를 모두 수렴한 것이기 때문이다. 진짜 아름다움은 우리로 하여금 자연스럽게 힘을 덜 들이고도 진리와 선에 도달하도록 돕는다. 미리 동기 유발이 있어야 하거나, 일부러 의지를 가지고 해야 할 필요도 없다. 경이감은 그것을 움직이게 하는 메커니즘이다. 하지만 진짜 아름다움이 없다면, 경이감은 눈감은 술래처럼 그저 맹목적으로 움직이게 될 것이다.

16
추악주의

추악주의란 무엇인가? 추악주의는 저절로 생겨나는 게 아니다. 추악주의는 진짜 아름다움이 없는 것을 말한다. 토마스 아퀴나스는 〈존재하는 모든 만물 안에는 아름다움이 깃들어 있다〉고 했다. 이 말은 곧 아름다움이 들어 있지 않는 것은 완전해질 수 없다는 것을 뜻한다. 만일 〈조금의 아름다움〉도 없다면, 그것은 존재하지 않게 되는 셈이다. 또한 이 세상에는 백 퍼센트 완벽하게 추악한 것이란 존재하지 않는다. 단순히 〈존재〉하기만 해도 그 안에는 뭔가 아름다운 것이 깃들어 있기 때문이다. 이 때문에 가끔 진짜 아름다움인지 아닌지, 우리 자녀들의 본성에 적합한지 아닌지에 대한 논쟁이 일어나는 것이다.

일요일 저녁 여러 가족이 모여 텔레비전 프로그램을 볼 때가 있다. 이때 어른들은 텔레비전에 나오는 프로그램을 아이들에게 보여 줘야 할지 말지에 대해 의견이 분분하다. 엄마들이 생일 선물을 살 때도 같은 일이 있을 수 있다. 예를 들어, 세 살짜리 어린이가 보기에 뱀파이어 이빨 모양을 한 괴기한 인형은 아름다운 것일까? 우리는 만물에 진짜 아름다움이 깃들어 있다는 것을 잘 알고 있다. 그 아름다움 중에는 10퍼센트, 20퍼센트, 80퍼센트의 아름다움도 있겠지만, 아름다움을 잴 수 있는 뭔가가 없어서 아무도 정확한 퍼센트는 모른다. 물론 가끔은 그보다 더 적은 퍼센트의 아름다움도 있다. 그리고 만일 우리에게 주변에 존재하는 모든 것들 속에서 진짜 아름다움을 포착해 내는 감각이 있다면, 우리는 그 아름다움을 직감적으로 알게 될 것이다.

하나의 사물 안에 얼마만큼의 진짜 아름다움이 들어 있는지 정확히 알게 해주는 도구는 없지만, 우리에게는 진짜 아름다움을 감지할 만한 다양하면서도 예민한 감각이 있다. 만일 무감각하면 진짜 아름다움 앞에서도 아무런 반응 없이 자폐적인 태도를 보이게 된다. 반대로, 감각이 살아 있다면 경이감이 더 활발하게 움직이게 되고, 우리가 아름다운 것들을 통해 현실과 조화를 이루게 된다. 진짜 아름다움은 특별한 사람들에게 속한 그들만의 전유물이 아니다. 진짜 아름다움은 세상 모든 곳에 있고 모두를 위한 것이다. 단지 그것을 느낄 수 있는 감각이 있는 사람들만 알아채고 누릴 수 있을 뿐이다.

전위적인 영화로 유명한 영화감독 알레한드로 조도로프스키는 이렇게 말했다. 〈기적은 돌멩이와 비슷하다. 왜냐하면 모든 곳에서 그 아름다움을 드러내고 있지만 거의 아무도 그 가치를 알아채지 못하기 때문이다. 우리는 경이로운 것들이 가득한 현실에서 살고 있지만, 직관력을 발달시킨 사람만이 그것을 볼 수 있다. 그런 감각이 없으면 모든 것은 그저 평범한 것이 되고, 놀라운 일들도 그저 단순한 우연이라고 치부하며, 감사하는 마음이라는 열쇠 없이 세상의 문 앞으로 나아가게 된다. 뭔가 특별한 일이 벌어져도 아무 대가 없이 이용할 수 있는 하찮은 자연현상 가운데 하나로 여기고 마는 것이다.〉 경이감을 느끼는 아이로 교육하기 위해서는, 최소한 우리 자신이 진짜 아름다움을 느끼고 그것에 놀라거나 감사할 줄 알아야 한다.

만일 추악주의를 진짜 아름다움이 없는 상태라고 한다면, 우리는 그런 아름다움이 거의 없는 상태를 뭔가 텅 빈 것이라고 단언할 수 있다. 우리는 이 비어 있는 상태를 일반적으로는 〈통속성〉이라고 부른다. 통속성은 뭔가 중요한 것과 본연의 모습, 즉 알맹이가 부족한 상태이다. 심미적인 경험이나 진짜 아름다움을 즐기기 위한 감각과 경이감을 잃어버리면 그 텅 빈 곳에서 통속성이 피어나고 우리 존재에 의미를 부여해 주는 상황과 현실에 대한 감각을 잃게 된다. 그렇다면 이런 근본적인 질문을 던져 볼 수 있을 것이다. 〈이런 사실을 알고 있으면 아이들 주변에 더 많은 진짜 아름다움을 둘러싸이게 할 수 있을 텐데, 왜 반대로 아이들을 뭔가 텅 비어 있고 통속적이며 적은 아름다움으로 둘러싸인 것들과 만나게 하는 것일까?〉

앞에서 우리는 진짜 아름다운 것은 아이의 본질을 존중하는 것이라고 말했다. 따라서 추악주의로부터 아이의 시선을 보호하는 것이 가장 중요하다. 왜냐하면 추악주의는 아이의 필요와 속도, 내면의 질서 등과 같은 아이의 본질을 존중하지 않고, 아이들에게 상처를 줄 수 있기 때문이다. 예를 들어, 포르노나 폭력을 생각해 보자. 오늘날 우리 주변에 있는 아이들에게는 비타민 B(Beauty)가 부족하다. 만일 우리가 어린이와 관련된 것들을 포함한 수많은 내용을 텔레비전 광고 돌리듯 정신없이 아이들에게 제공하면, 아이들은 〈진짜〉가 붙은 비타민 B를 조금만 흡수하게 될 것이다. 그것도 아주 조금. 그 결과 공격성이 드러나는 그림을 그리고, 대화에 인색해지며, 너무나 빠른 속도만을 추구하고, 성적 암시와 품위 없는 말, 배려 부족 등이 아이에게서 나타나게 된다. 우리 자녀들을 진짜 아름다움에 둘러싸이게 하기 위해서는 아이들의 〈탁월성Excellence〉을 찾아주어야 한다. 즉, 삶에 유익한 것들을 채워 주고 이성의 지평을 넓혀 주며, 더 나은 목표를 품고 살도록 아이의 삶을 풍요롭게 하는 것이다.

오늘날 〈진짜〉 아름다움은 두 가지 이유로 그 빛을 잃어 가고 있다.

첫째, 아름다움이 〈소유〉에 있다고 주장하기 때문이다. 오늘날, 우리 딸들 주변에는 화장과 눈속임으로 거짓 아름다움을 조장하는 모델들이 넘쳐 난다. 소유의 욕망과 순간적인 만족을 부추긴다는 점에서, 이런 모델들은 우리의 어린 딸들에게 안 좋은 영향을 끼친다. 아이들을 일종의 물건으로 바꿔 버리기 때문이다. 이와 관련해 헤르만 헤세는 〈아름다움은 그것을 소유한 사람이 아니라, 그것을 사랑하고 우러러볼 줄 아는 사람을 행복하게 해준다〉라고 말했다.

유감스럽게도, 아름다움을 〈소유〉한 모델들은 상업 광고와 잡지의 표지, 그리고 거리의 광고판, 판촉물, 어린이 영화들에 넘쳐 나고, 그렇게 우리 딸들의 가장 친한 친구가 되어 버렸다. 영화 「공주와 개구리」에서는 아닌 게 아니라 어린 티아나를 향한 성적 암시들이 그대로 드러나고 〈입으로〉 키스하는 장면까지 나온다. 또한 가슴을 비키니 형태의 조개로 가린 인어 공주도 있다. 인어 공주, 아니 이 어린 인어 공주는 어린아이라 풍만한 실루엣이라고는 거의 없는데도 말이다.

또 다른 이유는 진짜 아름다움을 의심하게 하는 〈추악주의 숭배〉 때문이다. 이에 따르면, 추악주의 숭배는 진짜 아름다움에 대한 반항의 형태로, 모든 진짜 아름다움이란 벗기고 무너뜨려야 할 속임수에 불과하다고 주장한다. 하지만 추악한 것을 숭배하는 것은 마치 숲의 아름다움을 파괴하면서 만족스러워하는 방화범과 같다. 이들은 선함 속에서 거짓을 보고 진심 속에서 거짓을 발견한다. 하지만 모든 선한 것과 아름다운 것을 의심하는 것은 경이감을 없앨 뿐이다. 오늘날 널리 퍼져 있는 냉소와 무관심은 감탄하는 능력을 잃어버린 결과이다.

「아저씨네 별에 사는 사람들은⋯⋯.」어린 왕자가 말했다,
「정원 하나에 장미를 5천 송이나 가꾸고 있어. 그래도 거기
서 자기들이 구하는 것을 찾지는 못해⋯⋯.」

「찾지 못하지.」내가 대답했다.

「하지만 자기들이 구하는 것을 장미꽃 한 송이에서도 물
한 모금에서도 찾을 수 있을 텐데⋯⋯.」

「물론이야.」내가 대답했다.

그리고 어린 왕자는 덧붙였다.

「하지만 눈은 장님이야. 마음으로 찾아야 해.」

— 앙투안 드 생텍쥐페리, 『어린 왕자』

진짜 아름다움이 없다면 경이감은 눈감은 장님처럼 뭘 붙잡
아야 하는지도 모르고 헤매지만, 경이감이 없다면 아름다움은
마음의 눈에 상처를 받기 때문에 아예 보이지 않게 된다.

추악한 것에 대한 숭배는 우리 자녀들에게 장난감이나 책,
영화, 모바일 게임 등을 통해 다양한 방법으로 전해진다. 근거
없이 폭력적인 전쟁과 싸움, 무서운 얼굴, 우울한 표정, 위압적
이고 어두운 디자인들. 특히 남자아이들 사이에서 큰 성공을
거둔 추악한 것에 대한 숭배는 얼마 전부터 점차 여자아이들에
게도 옮겨 가기 시작했다. 2011년 크리스마스 시즌에, 모든 상
점에서는 유명한 〈몬스터 하이〉 인형들이 동났다. 물론 이 인
형들은 관 모양의 상자에 넣어서 팔렸다. 그리고 얼마 전에는

뱀파이어 영화와 소설 시리즈들이 사춘기 여자아이들 사이에서 가장 많이 팔리는 목록에 들었다. 그것을 지켜본 많은 부모는 질문했다. 왜 어떤 아이들이나 청소년들은 이런 추악주의에 매력을 느끼는 것일까? 왜 그들은 우리가 말한 이런 추악주의를 숭배하는 것일까? 한마디로 추한 것을 숭배하는 것은 경이감을 잃어버린 결과이다. 아이의 본성을 존중하지 않는 모든 것이 추악주의 숭배에 이바지하기 때문이다. 만일 우리가 이런 상황들을 보고도 별로 신경 쓰지 않는다면, 상업화된 많은 〈추한〉 것들은 과잉 자극 중독에 더욱 도움을 호소하게 될 것이다. 그래서 이런 우울하고 폭력적이며 어두운 장난감들 대부분은 텔레비전 화면과 과도하게 빠른 컴퓨터 게임에도 함께 등장한다. 그래서 알렉스와 같은 아이들은 자극에 대한 중독을 통해 안도감을 느끼게 된다.

또한 추악주의 숭배로 성공을 거둔 모든 책과 영화 시리즈, 장난감들의 바탕에는 신비감이 깔려 있다. 앞서 설명했듯이, 아이는 신비감에 매력을 느낀다. 마법과 자연의 힘, 뱀파이어 같은 행동 등. 그런 면에서 보면 장난감 산업은 우리 아이들의 마음을 꿰뚫어보고 있다. 어떻게 하면 아이들의 마음을 사로잡을 수 있는지를 잘 알고 있는 것이다. 그들은 신비감으로 위장해서 아이들을 중독에 빠지게 하고 아이들의 내면생활에 쉽게 장난감을 채워 넣는다. 하지만 이런 신비감은 그 속이 텅 비어 있는 통속적이고 슬픈 신비감으로, 아이의 삶에 의미를 채워 주는 신비감과는 거리가 멀다.

아이들을 진짜 아름다움에 둘러싸이게 하고 비타민 B가 결핍된 아이들을 치료하는 것은 아주 중요하다. 우리 자녀들 안에 있는 탁월성을 찾고 진짜 아름다운 것들과 함께하는 영역들을 늘려야 한다. 그러면 반대로 진짜 아름다움이 없는 영역은 갈수록 점점 줄어들게 마련이다. 하지만 우리 자녀들 주변에 진짜 아름다움이 10퍼센트는 있는 걸까, 아니면 20퍼센트, 아니 하나도 없는 것은 아닐까 하고 자문하며 쓸데없이 헤매지는 말아야 한다. 어느 정도인지 따져 본들 그 자체가 시간 낭비이고, 최악의 경우 아이들에게 상처만 줄 수 있기 때문이다. 이런 것 자체가 아이들의 본성과 필요, 속도, 내면의 질서를 존중하지 않는 것이다. 부디 우리 자녀들에게는 오직 진짜 아름다운 것들과 훌륭한 것들만 주기를! 도스토옙스키의 말처럼 〈아름다움이 우리를 구원할 것이다〉.

17
문화의 역할

0세부터 4세까지 아이의 마음속에 이미 들어 있는 무언가를 다시 바꾸어 놓는 것은 매우 어렵다. 우리는 자녀들에게 긍정적인 가치를 향해 나아가려는 성향이 있다는 것을 알면서도, 거기에 영향을 끼치는 문화와 환경의 중요한 역할을 자주 과소평가한다.

문화란 무엇인가? 생각하고 느끼는 방식의 표현이다. 문화는 책이나 장난감, 그림, 언어, 음악, 옷을 입는 방식, 말하는 방식, 텔레비전, 영화, 그리고 우리 자녀들과 만나게 되는 사람들(학교 친구들, 아이 돌보미, 통학 버스 운전사, 교사, 청소 아주머니 등)과의 생활 체험 등을 통해 전달된다. 아프리카의 한 잠언에 따르면 〈한 아이를 교육하기 위해서는 모든 부족의 힘이 필요하다〉. 아이들의 느낌을 통해 전달되는 모든 것이 문화를 형성한다. 아직 아이에게는 필터, 즉 판별 능력이 없기 때문이다. 이런 판별 능력은 감정적, 지적 성숙이 이루어질 때 주어진 모든 정보를 잘 걸러내고 조직하며 선택하고 이해할 수 있게 해준다. 이때 교육자(최초의 교육자는 부모다)는 아이가 정보를 받아들이고, 행동을 관찰하며, 매 순간 발전하는 단계에서 생겨나는 위험 요소로부터 아이를 보호하는 외부 필터 역할을 하는데, 이때 아이가 어느 정도로 준비되어 있는지를 판단해야 한다.

만일 우리 자녀들의 문화에 긍정적인 가치들이 채워지길 원한다면, 그런 가치들이 그 문화 안으로 들어가야 한다. 즉 놀이, 영화, 사람들, 이야기 등 아이들의 문화를 구성하는 요소 하나하나에 그런 가치들이 직간접적으로 스며들어 가야 한다. 만일 그렇게 되지 않으면, 그런 문화 자체가 지속될 수 없다. 즉 물 위에 떠 있는 기름처럼 그런 가치들은 아이들의 삶 속에 이리저리 떠다니기만 할 것이다. 만일 문화에서 아름다운 것이 빠지고 대신 추악하고 저급한 것이 그 자리를 차지한다면, 긍정적인 가치들은 뿌리내리지도 지속되지도 못할 것이다. 그 결과 우리의 자녀들은 진짜 아름다움을 느끼거나 소중하게 여기지 못하는 문화적 공허함과 무감각을 겪게 될 것이다.

따라서 아이들의 인간 생태학에 속하는 내용들을 장려하면서 아이들이 문화를 만들어 내는 주체가 되게 하는 것이 중요하다. 만일 모든 부모가 그런 노력을 기울인다면, 우리가 사는 거리와 특정 시간에 하는 텔레비전 프로그램 등은 포르노와 우울한 언어와 모습, 폭력이 사라진 공간으로 변할 것이다. 그렇게

우리는 아이들을 받아들이고 교육하도록 좀 더 준비하고, 경이
감이 되살아나기에 좀 더 적합한 사회를 만들게 될 것이다.

지금까지 그 누구도 진심으로 아이 영혼에 숨겨진
공감과 친절, 관용의 재산에 대해서 말한 적이 없다.
진짜 교육의 힘은 이런 보물의 문을 여는 것이어야 한다.
— 엠마 골드만

경이감이 없다면 인간은 점차 반복성에 빠지게 될 것이고,
자신의 삶을 참되게 살아가지 못하게 될 것이다.
— 요한 바오로 2세, 『신앙과 이성』

결론
벽돌담인가, 아름다운 모자이크인가

콘퍼런스를 하다 보면 사람들이 자주 하는 질문이 있다. 자극과 과잉 자극의 차이점이다. 하지만 이 질문은 바뀌어야 한다. 그 대답은 아이와 상관없는 냉정한 분석을 통해서가 아니라, 아이의 본성, 즉 아이가 매 순간 무엇을 필요로 하는지에 따라 달라질 수 있기 때문이다. 〈아이의 관점에서 볼 때〉 자극이 불필요하게 넘쳐 나면, 그것이 곧 그 아이에게 과잉 자극이 되는 것이다. 아이의 필요를 잘 아는 사람은 아이와 좋은 관계를 맺고 있는 사람이다. 아이의 필요에 아주 민감한 사람이라면, 분명 좋은 관계를 맺고 있을 것이다.

실제로 많은 연구 조사에 따르면, 아이의 균형 있는 발전은 〈아이가 돌봐 주는 사람과 어떤 관계를 맺고 있〉느냐에 따라 차이가 있고, 이런 관계의 질은 그 사람의 〈민감성〉에 달려 있다.[70] 아이를 돌봐 주는 사람에게 아이에 대한 지식과 아이가 매 순간 필요로 하는 것과 그렇지 않은 것이 무엇인지 분별하는 〈민감성〉이 있다면, 아이는 균형 있게 발전할 수 있다.

토마스 아퀴나스 학파의 한 철학자는 〈발명과 발견이 먼저이고, 학습은 그다음〉이라고 말한 바 있다. 또한 신경 과학에서는 정상적인 환경과 최소한의 자극을 강조한다. 그렇지 못하다면, 기껏해야 시간 낭비이고, 최악의 경우 앞에서 이미 우리가 살펴봤듯이 바라지 않던 행동들이 일어나게 될 것이다.

또한 많은 부모가 자주 여러 교육 방법에 대한 나의 의견을 듣고 싶다고 요청한다. 여러 가지 교육 방법이 있다. 기계론적인 방법들이 있고, 이와 반대로 아이의 본성을 존중하는 방법들이 있다. 하지만 그것에서 좀 더 나아가 각자의 방법이 어떤 환경에서 아이의 특성을 확대하거나 축소할 수 있는지를 자세히 살펴보아야 한다. 방법이 다가 아니기 때문이다. 아이의 특성과 교육자가 가지고 있는 인류학적 관점, 학교 경영 스타일과 환경 등을 무시해서는 안 된다. 각각의 경우를 주의 깊게 조사해 보되, 표준적이고 규격화된 비법을 찾으려고 해서는 안 된다. 사실 우리는 갈수록 〈왜〉와 〈무엇을 위해〉를 무시하고 〈어떻게〉(기계론적 관점)를 분석해 놓은 교육 상담과 잘 포장한 교육 처방전 산업의 희생자가 되어 가고 있다. 하지만 우리 부모들은 여기에 휩쓸려 〈쉽게 적용할 비법〉을 찾아서는 안 된다.

이유는 여러 가지다. 첫째, 교육하는 일이 쉽다고 넌지시 말하는 사람들의 말을 믿어서는 안 되기 때문이다. 둘째, 우리 자녀들 한 명, 한 명이 처해 있는 다양한 삶의 환경을 하나의 표준 규격에 넣을 만한 비법 같은 것은 그 어디에도 존재하지 않기 때문이다. 마지막으로, 교육의 진정한 존재 이유인 〈사람〉에게서 우리를 멀어지게 하고 혼란에 빠뜨리는 기계론적 모델에서 벗어나야 하기 때문이다. 각 가정은 하나의 세상이고, 어린이도 하나의 세상이다. 부모나 교사가 가지고 있는 의문점들에 대답하기 위해서는, 먼저 아이(나이, 환경, 가족 상황)와 방법의 배경(그것을 이용하는 사람의 인류학적 관점, 빈도 수, 그것을 전하는 방법, 목적 등), 가족 관계(아이의 애착 관계가 확실하게 형성되어 있는지, 또는 아이가 첫째인지 막내인지 등) 등을 알아야 한다.

속도가 빠른 애니메이션을 보는 것과 느린 애니메이션을 보는 것은 아이에 따라 아주 다르다. 그리고 부모와 함께하느냐 아니냐에 따라 차이가 크다. 또한 아이가 두 살인지 여섯 살인지, 하루에 교육을 삼십 분 받는지 아니면 다섯 시간을 받는지, 폭력적인 성향의 아이인지 아닌지, 영어 공부를 하는 것이 꼭 영어를 배워야 한다고 확신하고 있는 부모님 때문인지(꾸준한 결과를 얻는 방법이 아니라는 것을 분명히 알면서도) 아니면 저녁에 어린 동생들이 목욕하는 동안 다른 방법이 없어서 시간을 메우기 위해 공부를 해야 하는지 등에 따라서도 다르다. 또한 귀청이 터질 듯한 배경 음악이 깔린 화면을 통해서 이야기를 전하는지, 확성기를 잡고 째지는 목소리로 오백 명의 아이들에게 전하는지, 익숙한 교실에서 소규모 그룹 중 한 아이에게 전하는지에 따라 아주 다르다. 아이들과 이야기 사이에 디지털 화면이 중재자가 되는지, 아니면 늘 아이들과 함께하던 선생님이 중재자가 되는지에 따라서도 매우 다르다.

또한 동화 이야기가 아이들에게 적합한지 아니면 나이에 맞지 않는지에 따라서도 다르다. 예를 들어, 아이가 할 수 있다고 느끼는 자주성을 심어 주기 위해 스스로 하게 두는 것(아침에 옷을 혼자 입게 하는 것)과 할 수 없다고 느끼는데 〈차례〉가 되었고 목표 기준이기 때문에 강요하는 것(예를 들어 아침에 부모님이 아이를 데리고 학교에 늦게 도착했을 때, 2학년 아이에게는 으레 혼자 교실 문을 열고 들어가라고 강요하는 원칙)은 분명 다르다. 보통 민감한 엄마나 교사는 아이가 뭘 원하는지를 잘 알고 있다. 따라서 우리가 자녀들을 경이감을 느끼도록, 그리고 진짜 유치원생으로 키우고 싶다면, 가장 중요한 일은 바로 자녀들을 위해 이 책에서 다루는 주제들에 민감한 사람들이 운영하는 유치원을 찾는 것이다.

그러고 나서, 그다음으로 중요한 것은 경이감을 느끼게 하는 교육의 담론을 한낱 일련의 기술과 조언, 방법, 금지 사항 등으로 축소하지 않는 것이다. 경이감을 느끼는 아이로 키우기 위해서는 훨씬 더 많은 것을 신경 써야 한다. 경이감을 느끼는 아이로 교육하는 것은 자녀들이 현실 세계로 향하는 문에 걸린 자물쇠를 향해 다가가게 하는 것이다. 자녀들이 멀리서 그 자물쇠를 볼 때는, 그 번쩍임에 겁을 먹을 수도 있다. 하지만 문에 가까이 다가가면서 조금씩 성장하게 되고, 언제가 그 자물쇠 앞에 섰을 때는 이 세상의 진짜 아름다움에 대해 깊이 생각하게 될 것이다.

경이감을 느끼게 하는 교육은 삶의 철학이고, 이성의 지평을 넓혀 주면서 세상을 바라보는 방법이다. 이것은 저급한 것이 조금만 있어도 거부한다. 또한 경이감을 느끼게 하는 교육은 문화와 시대를 초월한 관점을 갖고 있다. 왜냐하면 경이감 자체가 본성과 시간, 문화적 요소를 초월하고 있기 때문이다. 경이감을 느끼는 아이로 교육하는 것은 아이들을 민감하고 섬세하게 대하면서 그들의 개별적 특성을 인식하는 것이다.

교육의 주인공은 바로 아이다. 굳이 밖에서 안으로 자극을 줄 필요가 없다. 아이는 경이감을 통해 발견하고 배우며 행동에 대한 동기 부여를 받는다. 경이감을 느끼는 아이로 교육하는 것은 그들만의 속도와 기본 욕구, 순수함을 존중하고 단계를 앞서 가지 않는 것이다. 그리고 경이감을 느끼는 아이로 키우는 것은 아이가 진짜 아름다움을 높게 평가할 수 있게 하는 것이다. 그렇게 아이는 진짜 아름다움을 느끼게 하는 교육을 통해 경이감을 느끼게 하는 원인들을 발견할 수 있게 된다. 아이와 경이감, 진짜 아름다움. 우리는 오늘날 잃어버린 것처럼 보이는 세 가지 변수의 중요성을 회복하고 각자 제자리로 되돌려 놓아야 한다. 우리는 이미 그것에서 너무 멀리 와버렸다. 상상하지도 못할 만큼 아주 멀리.

경이감을 없애고 아이 주위에 진짜 아름다움을 조금만 두는 것은 아이의 본성을 변질시키고 유년기를 훔치며 아이의 이성을 축소시키는 것이다. 또한, 경이감을 없애는 것은 청소년기와 성인이 되어서 할 수 있는 모든 기회를 미리 박탈하는 것이다. 우리가 경이감을 없앤 수많은 아이가 다음의 특징을 보이며 청소년이 되고 이후에 성인이 된다.

첫째, 동기 부여가 안 되는 엘리사처럼, 알고 싶어 하는 욕구가 차단된다.

둘째, 모든 것을 당연하게 여기기 때문에 감사할 줄 모른다.

셋째, 포화 감각들에 익숙해져서 끝없이 새로운 느낌을 찾느라 애쓴다.

넷째, 신비감을 잃어버려서 이해할 수 있는 모든 것이 축소되었기 때문에 세상의 진짜 아름다움을 앞에 두고도 알아보지 못한다.

다섯째, 경이감과 반대인 냉소적인 상태는 쉽게 감염되고 들러붙기 때문에 거기에서 빠져나오기가 힘들다. 이런 상태는 많은 사람을 매료시켜 걸려들게 하는데, 다 하찮고 가볍다는 느낌이 현실에 〈초연한〉 분위기를 자아내기 때문이다. 또한 사람들 사이에서는 겉으로 감정을 드러내지 않아 〈중립적〉이고 모든 것을 아주 멀리서 바라보며 욕심이 섞이지 않은 우아한 분위기를 내뿜을 것이다. 하지만 이런 냉소주의는 공허하고 어느 곳과도 연결되지 못하며, 오직 자기 자신 안에만 갇히게 한다.

여섯째, 선함과 진짜 아름다움을 의심하고 추악주의 숭배에 빠지게 된다.

이런 아이들은 핑크 플로이드의 유명한 노래 「벽 속의 또 다른 벽돌Another Brick in the Wall」의 가사처럼 되어 왔고, 계속 그렇게 될 것이다. 즉, 체제 순응적인 아이는 주변의 세상에 환멸을 느끼게 될 것이다. 그리고 그런 사람들이 만든 사회는 오랫동안 지속될 수가 없다. 모든 사회 발전에는 더 나아지려는 욕구와 회의와 냉소, 질투, 경멸 없는 아름다움과 선한 것으로 인정받으려는 욕구가 있어야 하기 때문이다.

분명 청소년기에는 경이감으로 치료할 수 없는 몇 가지 특징들이 나타나지만, 그럼에도 불구하고 경이감은 청소년들에게 더 많은 기회를 주게 될 것이다. 경이감을 느끼는 아이로 키우게 되면, 청소년이 되었을 때 다음과 같은 사람이 될 것이다.

1. 모든 것을 당연하게 여기지 않기 때문에 늘 감사하는 사람이 될 것이다.

2. 늘 내면화하는 과정을 거쳤기에 마음에 있는 것들을 깊고 신중하게 생각할 것이다.

3. 질투나 인색함 없이 자기보다 높은 것을 인정할 줄 알 것이다.

4. 보는 시선이 깊이가 있기에 진짜 아름다움을 느끼고 소중

히 할 것이다.

5. 갖기 전에 기다리는 습관이 되어 있기에 인내할 줄 알 것이다.

6. 삶의 경험이나 사소하게 벌어지는 일들을 하찮게 여기지 않고, 선함을 추구하면서 현실을 발견하고 진짜 아름다움을 귀하게 여길 것이다. 또한 모든 과정을 본질적 가치를 기준으로 선택해 나가는 하나의 모험으로 여기게 될 것이다.

7. 과도한 자극들에 질리지 않아 차분하게 되며 중용을 지키게 될 것이다.

8. 의미 있는 하루하루를 살아가기 때문에 새로운 느낌을 찾는 데 삶을 허비하지 않을 것이다.

9. 동기 부여 원인을 다른 사람에게서 찾지 않았기에 자신의 신념에 따라 행동할 것이다.

10. 스스로 나설 줄 알고 다른 사람의 필요를 알 수 있는 인정이 있기에 다른 사람들에게 친절하고 힘껏 도와주는 사람이 될 것이다.

11. 현실을 이해할 수 있고 배움에 대한 목마름이 끝이 없으며, 자신의 생활과 사회 안에서 진정한 발전의 길을 열었기에 현실을 하찮게 여기지 않고 깊게 생각하며 신비로운 것에 열린 마음을 갖게 될 것이다.

지금, 너희의 경이감에 호소한다. 잠깐만이라도 너희가 사회

속에서 똑같은 벽돌담이 아니라 다양한 특징을 가진 아름다운
모자이크가 되는 것을 상상해 보길 바란다⋯⋯.

맺음말
보이지 않는 시민

　문제에 대한 해결책은 우리에게 유년기 교육을 안내해 준, 즉 우리 방법대로 아이를 조종 가능한 작은 어른으로 바꾸었던 많은 패러다임과의 관계를 다시 설정하는 것이다. 그 패러다임에 유년기 교육의 존재 이유가 나타나게 될 때까지 말이다. 아이는 그저 아이일 뿐이다! 절대로 〈미완성〉된 〈불완전한〉 어른이 아니다. 우리는 자녀들의 완벽한 사진을 찾고 있지만, 완벽한 사진이란 없고 그들도 우리처럼 그저 만들어지고 진행 중이다. 단지 『어린 왕자』에 나오는 바오바브나무만이 만들어진 채로 태어난다. 우리가 사는 진짜 세상에 있는 나무들은 작은 싹에서부터 시작되고 그다음 작은 가지들이 나오며, 그 위에 연한 잎사귀가 달린다. 그것들은 나름의 자연법칙의 속도에 따라 자란다. 경이감을 느끼는 아이로 교육하는 것은 성장을 못 하게 하려고 분재 가지치기를 하는 것처럼 아이를 과잉보호하는 것이 아니라, 필요한 것은 공급해 주고 알맞지 않은 것으로부터 보호해 주면서 자신의 속도에 맞게 성장하게 두는 것이다.

사람은 갓난아기로 태어나서 이후에 아이가 되는 거지, 다 자란 채로 태어나는 것이 아니다. 즉 자기 내면의 질서와 자신만의 속도를 갖고 태어난다. 아이 자신만의 방법이 아닌 다른 방법으로 아이를 다루면, 주위 상황과 내면의 질서는 조화롭지 못하게 되는데, 이것은 스트레스를 유발하고 주변과 화합을 못하게 하기 때문이다. 또한 몬테소리가 잘 설명한 〈본능적인 절규〉를 하게 만들고, 오늘날 아이들에게서 많이 발견되는 여러 가지 장애의 원인이 될 수도 있다.

몬테소리는 아이들이 스스로 인식하지 못하지만, 사회와 어른들의 삶에서 아이들이 중요한 역할을 담당하고 있다고 확신하며, 만일 우리가 이런 확신의 중요성을 이해한다면, 세상이 어느 정도는 바뀔 거라고 했다. 다음의 인용문이 나왔던 때는 1965년으로 거슬러 올라가지만, 신기할 정도로 지금도 여전히 효력을 발휘하고 있다.

어떤 사람들은 아이가 인류에 이바지하는 순수한 가치는 바로 그들이 어른이 될 거라는 사실 그 자체에 있다고 생각한다. 아이는 그 자체로 중요한 인간의 본질이다. 단순히 어른이 되기 전 과도기에 있는 존재가 아니다. 우리는 아이와 어른을 그저 인간의 삶에서 연달아 이어지는 단계들로 보아서는 안 된다. 아이와 어른을 서로에게 영향을 미치는, 인간

삶의 서로 다른 두 형태로 보아야 한다. 아이와 어른은 서로 돕고 조화를 이루어 일하고 서로 공감해야만 하는 서로 다른 두 존재이다.

따라서 어른만이 아이를 도와주는 것이 아니라, 아이도 역시 어른을 도와야 한다. 아이가 하느님의 뜻에 따라 어른들에게 크고 소중한 도움이 되고, 앞으로도 도울 수 있으며, 그래야만 한다는 것을 세상 모든 사람이 이해하고 받아들이는 것은 아니다. 이런 걸 보면 약간은 회의주의적인 생각이 들수도 있겠지만, 누구라도 차분하게 깊이 생각해 보면 그렇다는 것을 깨닫게 될 것이다.

하지만 어른들은 아이에게 심리적, 정신적으로 도와줘야 할 때가 되면, 먼저 그 필요를 이해하려 들지 않고, 아이와 싸우기 시작한다. 아이를 하나의 소유물로 생각하고 그렇게 대하는 것이다. 어른들은 아이가 자신들이 원하는 대로 그렇게 되어야 한다고 생각한다. 아이가 부모들이 강요하는 흥미와 만족을 느껴야만 하는 것이다. 따라서 아이들은 어른들의 편리와 흥밋거리를 채워 주기 위해서 만들어 낸 환경에 만족해야 한다.

만일 교육자가 아이의 진짜 욕구들을 따른다면, 이런 진짜 욕구에 부응하는 환경과 사고방식 덕분에 아이의 삶에는 끊임없이 깊은 감동이 일어날 것이다. 따라서 문명은 오로지 어른의 삶에 편리하고 유용한 관점을 따라 발전하지만은 않을 것이다. 하지만 오늘날, 그런 진행 과정은 어른들의 특징만 따라 너무 독점적으로 이루어진다. 그렇게 문명은 힘의 승리와 폭력적인 정복, 적응, 생존을 위한 투쟁, 정복자들의 생존 위에 세워지고 있다. 이런 발전의 비극적 결과는 도덕과 종교, 경제, 세계 정치 분야에서 나타나고 있다. 이 모든 것은 어떤 본질적인 것이 부족한 사회에서 눈에 띄게 나타나는 증거이다. 즉, 이런 곳에는 아이들의 특성이 별로 영향을 끼치지 못하는데, 아이와 어른이 서로 멀리 떨어져 있기 때문이다. 아이는 어른들 세계에서 거의 사라져 버렸고 어른들은 마치 아이들이 자신들에게 영향을 끼칠 자격이 없는 것처럼 여기며 살고 있다.

사회의 특정 영역에서, 아이들은 어른들의 성향에 따라 손에 넣거나 버릴 수 있는 단순히 소유물로 변해 버렸다. 다만 아이가 한 명이라서 너무 혼자 있는 게 보기 좋지 않고 그들이 즐겁게 보낼 수 있게 하려고 두 명 정도를 소유하는 것이다. 이런 타락한 세상에서는 아이가 어른을 위해서만 존재하게 된다. 결과적으로, 아이는 어른이 사는 삶의 방식을 따라 살아야 하는 것이다. 어른들이 아이들에게 낮고 열등한 삶의 역할만을 주기 때문에, 이런 삶은 퇴보될 수밖에 없다. 부성과 모성의 본질을 잃어버렸기 때문에, 그 아이들 역시 타락하고 있다. 만일 아이와 그들의 〈권리〉가 다시는 삶 속에서 나타나지 않는다면, 어른들의 존엄성도 영원히 사라지게 될 것이다. 만일 어른들에게 있던 문명의 중심이 아이에게로 옮겨 간다면, 그 문명은 더욱 고귀하게 떠오를 것이다.[71]

좀 더 아이들에게 맞추기 위해 사회를 바꿔야 할 때가 왔다. 어른들의 가치들 위에만 세워진 문명은 절대 승리할 수가 없다. 물론 그렇다고 우리 사회를 아이로만 채워 넣자는 건 아니다. 경이감으로 시작되는 모든 가치를 포함해야 한다는 말이다. 아이는 우리에게 평화와 연대 책임, 투명성, 배려, 낙관주의, 순수성의 보호, 공감, 동정심, 인간의 존엄성, 기쁨, 감사, 겸손, 소박함, 우정의 가치 등을 일깨워 준다.

결국, 핵심은 경이감을 느끼는 아이로 키우는 것이다. 잃어버린 경이감을 회복하는 교육은 지금 시작해도 절대로 늦지 않다. 올바르고 바람직한 경이감을 발견하고 그것을 회복하고 싶어 하는 것은 경이감을 얻기 위한 가장 좋은 출발점이다. 왜냐하면 거기에서 바로 경이감이 나타나기 때문이다.

감사의 말

　무엇보다 먼저, 이 책을 선택해 주신 호르디 나달을 비롯한 모든 출판사 직원분들께 감사드린다. 추천사를 써준 산티아고 알바레스 데 몬 교수에게도 감사한다. 이 책은 자녀들의 위태로운 교육에 직면한 부모들과 2010년도에 시작한 프로젝트의 결과물이다. 시간이 지나면서 점차 이 그룹과 나의 강연을 들었거나 블로그에 관심이 있는 또 다른 사람들이 함께 참여하게 되었다.

　이 책이 여기에 오기까지 오랜 시간 동안 의견, 지원, 검토, 도움, 애정을 아끼지 않고 애써 준 친구들 한 명, 한 명에게 감사를 표현하고 싶다. 또한 나에게 이제까지 모든 것을 해주신 부모님께 감사드린다. 또한 이 거대한 모험을 시작하게 영감을 주고 아이의 본성을 깊게 이해하고 있는 비키 티토에게도 감사한다. 우리 자녀의 경이감을 보호해 주고 이 세상에 존재하는 진짜 아름다움과 진리와 선함의 거부할 수 없는 매력 앞에 경이감을 느끼게 하는 마르가리타 베레스와 마르타 바렌티 선생님께도 감사드린다.

더욱이, 이 책의 검토와 소중한 조언을 아끼지 않고 용기를 주었던 체마 포스티고와 이 책에서 설명할 내용들을 열정을 갖고 나눠 준 알바 산타우라리아, 늘 무조건 도움을 준 카를로스 안드레우, 창의력과 천재성을 발휘해 준 이그나시 데 보파룰, 엘리사 같은 아이들에게 더 나은 도움을 주기 위해 여러 가지 생각을 퍼뜨릴 길을 열어 주겠다는 지속적인 약속을 해주고 나의 말을 들어주며, 듣고 또 들어주는 크리스티나 마스클란스, 니나 앙구스티나, 앙헬스 로페스 수클라, 직접 경이감을 느끼고 살아가는 삶을 보여 주는 치니 마루엔다, 〈또 다른 교육 형태〉에 도움을 주고 나눠 주는 가브리엘 히네브라, 너무나 소중한 조언을 주는 누리아 피리솔라, 필요할 때 꼭 옆에 있어 준 카티 피치, 기꺼이 모든 의견을 전하는 확성기가 되어 주는 마르타 바이리나에게도 감사를 전한다. 그 외 에스테르, 사비, 라켈, 루이스, 라울, 로사, 아나, 하비에르, 오리올, 호안을 비롯한 많은 분들께도 감사의 말씀을 드린다.

마지막으로, 친애하는 독자 여러분, 시간을 내서 마지막 페이지까지 어린이에 대한 깊은 생각을 함께해 준 당신께도 깊이 감사드린다.

미주

1 U. S. Department of Health and Human Services (1999), Mental Health: A Report of the Surgeon General, Rockville, M. D., U. S. Department of Health and Human Services, Substance Abuse and Mental Health Services, Administration National Institute of Mental Health.

2 Berger, J., Milkman, K. (2011), "What Makes Online Content Viral?", *Journal of Marketing Research*. DOI: 10.1509/jmr.10.0353. http://ssrn.com/abstract =1528077

3 Montessori, M. (1995), Ideas generales sobre mi método, Buenos Aires, Losada.

4 Dewey, J. (1897), "My Pedagogic Creed", *School Journal*, 54, pp. 77~80. 존 듀이는 교육자이자 철학가, 심리학자로 미국의 교육 시스템에 아주 중대한 영향을 끼쳤다.

5 Heard, Kilpatrick W. (1914), *The Montessori System Examined*, Cambridge, The Riverside Press, p. 72.

6 허드가 제안한 목표 기준 목록은 다음과 같다. 확실한 모국어 사용, 이름 알기, 일상생활에 쓰이는 물건들의 사용, 가장 공통으로 사용하는 물건들의 물리적 특징 알기, 가위와 지우개, 연필, 색연필 사용할 줄 알기, 줄 서기와 일렬로 걷기, 깡충깡충 뛰기, 구조화된 게임을 할 줄 알기, 노래와 이야기할 줄 알기, 목욕하고 옷 입기 등을 할 때 도와줄 줄 알기, 기본 동작을 할 때 기다릴 줄 알기.

7 일례로, 몬테소리는 아이가 할 수 있다고 느끼는 것은 절대 해줄 필요가 없다고 말했다. 허드는 아이들의 필요를 만족시켜 줘야만 하는 가난한 가정에서는 이 말이

도움이 될 수 있지만, 가정에서 도울 수 있고 아이의 욕구나 노력을 충분히 맞춰 줄 수 있는 관대한 엄마들이 넘쳐 나는 상류층 가정에는 적합하지 않다고 대답했다.

8 그들 중에는 캐나다의 심리학자인 도널드 헵과 미국의 심리학자인 로젠츠바이크가 있다.

9 Department of Health and Human Services (2011), Head Start Impact Study.

10 Howard-Jones, P. (2007), "Neuroscience and Education: Issues and Opportunities, Commentary by the Teacher and Learning Research Programme", London, *Economic and Social Research Council*, TLRP. http://www.tlrp.org/pub/commentaries.html

11 애착 이론attachment theory은 초기에 존 볼비와 메리 에인스워스에 의해 발전되었고, 오늘날 아동 발달 배경 연구에 몰두하면서부터 많은 분야에서 관심을 갖는 탁월한 이론이 되었다. 이런 실험 결과들은 심리학과 신경 과학 또는 교육학 등과 같은 많은 분야뿐만 아니라 여러 나라의 교육과 정치, 사회 기초 확립에까지 영향을 주었다.

12 주 10번 참조.

13 주 10번 참조; Hyatt, K. J. (2007), "Brain Gym® Building Stronger Brains or Wishful Thinking?", *Remedial and Special Education*, 28 (2), pp. 117~124. 브레인 짐은 도만-델라카토의 이론을 바탕으로 하고 있고, 과학적인 근거 부족으로 1회 이상 미국 소아 학회의 경고를 받았다; American Academy of Pediatrics (1968), "The Doman-Delacato treatment of neurologically handicapped children", *Neurology*, 18, pp. 1,214~1,215; American Academy of Pediatrics (1999), "The treatment of neurologically impaired children using patterning", *Pediatrics*, 104, pp. 1,149~1,151, 전자 문서.

14 Michelle M. Garrison, Dimitri A. Christakis, Kaiser Family Foundation, 2007년 8월 13일 인터넷에서 발췌.

15 Kaiser Family Foundation (2004), *Parents, Media and Public Policy: A Kaiser Family Foundation Survey*, Menlo Park, CA.

16 "Infant, preschooler, DVDs", Drug Store News, vol 27, 2005년 2월 14일 자, 38. http://findarticles.com/p/articles/mi_m3374/is_2_27/ai_n10018342

17 Richert, R. A., Robb, M. B., Fender, J. G., Wartella, E. (2010), "Word Learning from Baby Videos", *Arch. Pediatr. Adolesc. Med.*, 164 (4), pp. 432-437; Kuhl, P. K., Tsao, F. M., Liu, H. M. (2003), "Foreign-Language Experience Infancy: Effects of Short-Term Exposure and Social Interaction on Phonetic Learning", *Proc. Natl. Acad. Sci.* USA, 100 (15), pp. 9,096~9,101.

18 Zimmerman, F. J., Christakis, D. A., Meltzoff A. N. (2007), "Associations between Media Viewing and Language Development in Children under Age 2 Years", *Journal of Pediatrics* 151 (4), p. 364, 2007년 8월 7일 온라인 발행; Chonchaiya, W., Pruksananonda, C. (2008), "Television Viewing Associates with Delayed Language Development", *Chonc. Acta Paediatr.*, 97 (7), pp. 977~982; Tomopoulos, S., Dreyer, B. P., Berkule, S., Fierman, A. H., Brockmeyer, C., Mendelsohn, A. L. (2010), "Infant Media Exposure and Toddler Development", *Arch. Pediatr. Adolesc. Med.*, 164 (12), pp. 1,105~1,111.

19 American Academy of Pediatrics (2011), "Policy Statement on Media Use by Children Younger than 2 Years", *Pediatrics* 128 (5), pp. 1,040~1,045. 1999년도 권고 사항.

20 Siegel, J. D. (2001), "Toward an interpersonal neurobiology of the developing mind: Attachment relationships 'mindsight', and neural integration", *Infant Mental Health Journal*, 22 (1-2), pp. 67~94.

21 Siegel, J. D. (1999), "Toward a Biology of Compassion: Relationships, the Brain and the Development of Mindsight Across the Lifespan", 1999년 12월 바티칸, 교황 요한 바오로 2세와 가정 평의회를 위한 준비 문서.

22 Chesterton, G. K. (1967), *Ortodoxia* (Obras Completas, vol. I), Barcelona.

23 이런 관점은 신경 과학 분야에서 경험 기대적experience-expectant 과정과 경험 의존적experience-dependant 과정으로 설명된다. 경험 기대적 과정에 따르면, 아이는 경험을 스스로 적극적으로 찾는다. 경험 의존적 과정에 따르면, 아이는 발전을 위해 외부 경험, 즉 신경 연결을 하는 외부 자극들에 의존한다(Siegel, 1999).

24 Christakis, D., "The Effects of Fast-Pace Cartoons", Pediatrics, 2011년 9월 12일 온라인 발행. DOI:10.1542/peds.2011-2071. http://pediatrics.aappublications. org/content/early/2011/09/08/peds.2011-2071.citation

25 Goodrich, S. A., Pempek, T. A., Calvert, S. L. (2009), "Formal Production Features of Infant and Toddler DVDs", *Arch. Pediatr. Adolesc. Med.*, 163 (12), pp. 1,151~1,156.

26 Swing, E. L., Gentile, D. A., Anderson, C. A., Walsh, D. A. (2010), "Television and Video Game Exposure and the Development of Attention Problems", *Pediatrics*, 126, pp. 214-221; Barlett, C. P., Anderson, C. A., Swing, E. L. (2009), "Video Game Effects Confirmed, Suspected, and Speculative: A Review of the Evidence", *Simulation Gaming*, 40, pp. 377~403.

27 Christakis, D. A., Zimmerman, F. J., DiGiuseppe, D. L., McCarty, C. A.

(2004), "Early Television Exposure and Subsequent Attentional Problems in Children", *Pediatrics*, 111 (4), pp. 708~713; Zimmerman, F. J., Christakis, D. A. (2007), "Association between Content Types of Early Media Exposure and Subsequent Attentional Problems", *Pediatrics*, 120 (5), pp. 986~992.

28 Christakis, D. A. (2010), "Infant Media Viewing: First, Do No Harm", *Pediatr. Ann.*, 39 (9), pp. 578~582.

29 주 11번 참조.

30 주 22번 참조.

31 주 28번 참조; Christakis, D. A. (2008), "The effects of infant media usage: what we know and what should we learn?", *Acta Paediatrica*, 98, pp. 8~16.

32 Johnson, J., Cohen, P., Kasen, S., Brook, J. S. (2007), "Extensive Television Viewing and the Development of Attention and Learning Difficulties During Adolescence", *Archives of Pediatrics and Adolescent Medicine*, 161 (5), pp. 480~486; Hancox, R. J., Milne, B. J., Poulton, R. (2005), "Association of television viewing during childhood with poor educational achievement", *Arch. Pediatr. Adolesc. Med.*, 159, julio, pp. 614~618; Pagani, L. S., Fitzpatrick, C., Barnett, T. A. y Dubow, E. (2010), "Prospective associations between early childhood television exposure and academic, psychosocial, and physical wellbeing by middle childhood", *Arch. Pediatr. Adolesc. Med.*, 164 (5), pp. 425~431.

33 Montessori, M. (1965), *The Child and The Church, Chantilly, E. M. Standing*, p. 145.

34 Tomás de Aquino, De Veritate, q. 11, a. 1: conceptiones intellectus.

35 Ministry of Social Affairs and Health of Finland (2004), *Early Childhood Education and Care in Finland*, p. 14.

36 García Hoz, Víctor (1960), *Principios de pedagogía sistemática, Madrid, Rialp*, 11.ª edición.

37 Ginsburg, K., American Academy of Pediatrics, Committee on Communications, Committee on Psychosocial Aspects of Child and Family Health, "The importance of play in promoting healthy child development and maintaining Strong parent-child Bonds", *Pediatrics*, 119 (1), pp. 182~191.

38 Barkley, R. A. (1997), "Behavioral inhibition, sustained attention, and executive functions: constructing a unifying theory of ADHD", *Psychol. Bull.*, 121 (1), pp. 65~94.

39 Singer, J. L. (2002), "Cognitive and affective implications of imaginative

play in childhood", en Lewis M. (comp.), *Child and Adolescent Psychiatry: A Comprehensive Textbook*, Philadelphia, P. A., Lippincott Williams & Wilkins, 3. ͣ edición, pp. 252~263.

40 Engel, S. (2011), "Children's need to know: Curiosity in schools", *Harvard Educational Review*, 81 (4), pp. 625~645.

41 Kim, K. H. (2011), "The creativity crisis: The decrease in creative thinking scores on the Torrance Tests of Creative Thinking". *Creativity Research Journal*, 23, 285-295.

42 Csikszentmihalyi, Mihaly (1975), *Beyond Boredom and Anxiety: Experiencing Flow in Work and Play*, San Francisco: Jossey-Bass.

43 Goertzel, M. G., Goertzel, V. H. (1960), "Intellectual and emotional climate in families producing eminence". *Gifted Child Quarterly*, 4, pp.59-60.

44 Johnson, J. G., Cohen, P., Kasen, S., Brook, J. S. (2007), "Extensive Television Viewing and the Development of Attention and Learning Difficulties During Adolescence", *Arch. Pediatr. Adolesc. Med.*, 161 (5), pp. 480~486.

45 Honoré, C. (2008), *Bajo presión*, Barcelona, RBA.

46 Aristóteles, *Ética a Nicómaco*, Madrid, Alianza Editorial, 2008 (Libro II, 3).

47 American Academy of Pediatrics, "Winter Safety Tips", 1/2, *Safekids* 11/115.

48 Flowers, W. (2007), 안드레스 베요 대학의 우디 플라워스 박사 명예 박사 수여식, 2007년 10월 23일.

49 미국 국립 수면 재단은 24시간을 기준으로 연령에 알맞은 수면을 취해야 한다고 말한다. 미국 국립 수면 재단이 권장하는 수면 시간은 다음과 같다. 0~2개월: 10.5~18시간, 3~11개월: 저녁 시간 동안 9~12시간(낮잠은 낮에 1~4회, 0.5~2시간), 1~3세: 12~14시간(낮잠 1~3시간), 5~12세: 10~11시간.

50 Touchette, E., Côté, S., Petit, D., Xuecheng, L., Boivin, M., Falissard, B., Tremblay, R., Montplaisir, J. Y., (2009), "Short Nighttime Sleep-Duration and Hyperactivity Trajectories in Early Childhood", *Pediatrics*, 124 (5), pp. 985~993; Bernier, A., Carlson S. M., Bordeleau, B., Carrier, J. (2010), "Relations Between Physiological and Cognitive Regulatory Systems: Infant Sleep Regulation and Subsequent Executive Functioning", *Child Development*, 81 (6), pp. 1.739~1.752; Ednick M., Cohen, A. P., McPhail, G. L., Beebe, D., Simakajornboon, N., Amin, R. S. (2009), "A review of the effects of sleep during the first year of life on cognitive, psychomotor, and temperament development", *Sleep*, 1 (32), pp. 1.449~1.458; Beebe, D. W. (2011), "Cognitive, behavioral, and functional consequences of

inadequate sleep in children and adolescents", *Pediatr. Clin. North Am.*, 58, pp. 649~665; Berger R. H., Miller A. L., Seifer, R., Cares, S. R., Lebourgeois, M. K. (2011), "Acute sleep restriction effects on emotion responses in 30-to 36-month-old children", J. Sleep Res., 2011년 10월 11일 온라인 발행. http://onlinelibrary. wiley.com/doi/10.1111/j.1365-2869.2011.00962.x/full. 2012년 2월 17일 확인.

51 American Academy of Pediatrics (2001), "Children, Adolescents, and Television", *Pediatrics*, 107 (2), pp. 423~426.

52 주 36번 참조.

53 Schmitt, M. E., Pempek, T. A., Kirkorian, H. L., Lund, A. F., Anderson, D. R. (2008), "The effect of background television on the toy play behavior of very young children", *Child Development*, 79 (4), pp. 1.137~1.151.

54 Tanimura, M., Okuma, K., Kyoshima, K., "Television viewing, reduced parental utterance, and delayed speech development in infants and young children", *Arch. Pediatr. Adolesc. Med.*, 161 (6), pp. 618~619; Mendelsohn, A. L. Berkule, S. B. y Tomopoulos, S. (2008), "Infant television and video exposure associated with limited parent-child verbal interactions in low socioeconomic status households", *Arch. Pediatr. Adolesc. Med.*, 162 (5), pp. 411~417; Christakis, D. A., Gilkerson, J., Richards, J. A., et al. (2009), "Audible television and decreced adult words, infant vocalizations, and conversational turns: A population-based study", *Arch. Pediatr. Adolesc. Med.*, 162 (5), pp. 411~417.

55 신뢰 관계는 앞서 말해 온 애착 관계와 같다.

56 Promethean (2012), *Educación* 3.0, la revista para el aula del siglo XXI, n. º 6, p. 28.

57 "A Silicon Valley school that doesn't compute", *New York Times* (versión digital), 2011년 10월 22일 자.

58 Carr, N. (2008), "Is Google Making Us Stupid?", The Atlantic, 301 (6). http://www.theatlantic.com/doc/200807/google. 2006년 10월 6일 인터넷에서 발췌.

59 Saint-Éxupery, A. de (1946), *El Principito*, Barcelona, Salamandra.

60 주 40번 참조.

61 주 17, 18번 참조.

62 주 19번 참조.

63 Planck, M. (1961), *Adónde va la ciencia?*, Buenos Aires, Losada.

64 "Que moderno es tener tabúes!" La Vanguardia의 부록 ES, p. 20.

65 주 28번 참조.

66 Vandewater, E. A., Bickham, D. S., Lee, J. H. (2006), "Time well spent? Relating television use to children's free-time activities", *Pediatrics*, 117 (2).

67 Vandewater, E. A., Bickham, D. S., Lee, J. H., Cummings, H. M., Wartella, E. A., Rideout, V. J. (2005), "When the television is always on: heavy television exposure and young children's development", *Am. Behav. Sci.*, 48 (5), pp. 562~577.

68 통합과 진(眞), 선(善) 등도 있다.

69 Montessori, M. (1995), *Ideas generales sobre mi método*, Buenos Aires, Losada.

70 애착 이론에서는 민감성sensitivity을 다루는데, 이것은 매 순간 아이의 필요를 알아채는 능력이다.

71 주 33번 참조.

지은이 카트린 레퀴예Catherine L'Ecuyer 네 명의 아이를 둔 어머니. 캐나다에서 태어나 스페인 바르셀로나에 살고 있다. 라발 대학교에서 법학을 전공했고, 이에세IESE 비즈니스 스쿨과 카탈루냐 국제 대학에서 석사 학위를 받았다. 『첨단 인간 신경 과학Frontiers in Human Neuroscience』지에 기고한 논문「경이감을 통한 학습 접근Wonder Approach to Learning」으로 학계의 주목을 받았다. 2020년 국제 몬테소리 협회의 스페인 명예 회원으로 임명되었고, 스페인 의회 교육 위원회와 유럽 위원회가 주관하는 제2차 유럽 교육 정상 회의에 보고 위원으로 초청되어 멕시코 푸에블라주의 아동 교육 개혁에 참여했다.

〈알고 싶어 하는 욕구〉인 경이감이 아이들의 학습 과정에서 그 무엇보다 중요한 교육의 본질적 요소임을 역설하는 『경이감을 느끼는 아이로 키우기 Educar enelasombro』는 2012년 출간과 동시에 스페인 아마존 베스트셀러에 오르며, 이후 스페인 부모가 가장 많이 찾는 아동 교육서 중 하나로 자리 잡았다. 경이감과 관련한 생각을 모은 카트린 레퀴예의 블로그(apegoasombro. blogspot.com)는 150만 건 이상의 조회 수를 기록하고 있다. 현재 나바라 대학의 〈마음-뇌〉 연구 팀과 멕시코 정부의 교육 문제 자문 그룹에서 위원으로 활동하고 있다.

옮긴이 김유경 멕시코 ITESM 대학과 스페인 카밀로 호세 셀라 대학에서 조직 심리학을 공부했다. 인사 관련 업무를 하다가 현재는 통·번역가로 활동 중이다. 독자들이 스페인어권 작품과 더욱 자주 만났으면 하는 꿈을 갖고 있다. 옮긴 책으로『행복의 편지』,『세상을 버리기로 한 날 밤』,『사랑에 빠지게 만드는 기술』,『에미 뇌터, 그녀의 좌표』,『붉은 여왕』등이 있고, 아동 문학가 정두리의『찰코의 붉은 지붕』을 우리말에서 스페인어로 옮겼다.

경이감을 느끼는 아이로 키우기

지은이 카트린 레퀴예 **옮긴이** 김유경 **발행인** 홍예빈·홍유진
발행처 사람의집(열린책들) **주소** 경기도 파주시 문발로 253 파주출판도시
대표전화 031-955-4000 **팩스** 031-955-4004
홈페이지 www.openbooks.co.kr **email** webmaster@openbooks.co.kr
Copyright (C) 주식회사 열린책들, 2016, 2022, Printed in Korea.
ISBN 978-89-329-2291-1 03370 **발행일** 2016년 5월 25일 초판 1쇄 2020년 7월 10일 초판 2쇄 2022년 10월 1일 신판 1쇄